M000237879

は	な	た	さ	か	あ
ひ	に	ち	し	き	い
ふ	ぬ	つ	す	く	う
へ	ね	て	せ	け	え
ほ	の	と	そ	こ	お

OHISAMA [First Steps]: **Japanese Textbook for Multilingual Children**

© 2018 Emi Yamamoto, Junko Ueno, Yoshie Mera, Kurosio Publishers
First published 2018
ISBN 978-4-87424-757-0
printed in Japan

All rights reserved. No part of this publication may be reproduced,
stored in a retrieval system, or transmitted in any form or by any means,
without the prior permission in writing of Kurosio Publishers.

Kurosio Publishers
4-3, Nibancho, Chiyoda-ku, Tokyo 102-0084, Japan
http://www.9640.jp

OHISAMA

おひさま

［はじめのいっぽ］
First Steps

子どものための日本語
Japanese Textbook for Multilingual Children

山本絵美・上野淳子・米良好恵 (著)
Emi Yamamoto, Junko Ueno, Yoshie Mera

くろしお出版 (編)
Kurosio Publishers

Kurosio くろしお出版

はじめに

　世界には一つの言語だけではなく、複数の言語や文化に囲まれて成長する子ども達がいます。本書が対象とするのは、そのような環境で日本語を学んでいる、マルチリンガル（複数の言語を使用する人）やバイリンガルの幼稚園・保育園（3・4歳）〜小学校低学年の子ども達です。例えば、海外在住の日本人の子どもです。国際結婚家庭の子ども、長く現地で生活している日本人夫婦の子どもなどが当てはまります。幼稚園・保育園や地域の人、友達、親、きょうだいと話す時、相手や場面、表現したい内容や気持ちなどに合わせて、彼らは異なる言語を使い分け、時に組み合わせながら話しています。このような子ども達の日本語は、母語や第一言語、あるいは、継承語（親から受け継いだことば）とも呼ばれます。

　もちろん、複数の言語や文化の中で日本語を学ぶのは、海外で継承語として日本語を学ぶ子ども達だけではありません。例えば、日本国内で生活する、外国人の子どもは、家の中では母語を、家の外では友達と日本語を話しているかもしれません。日本で生まれ育った、日本人の親を持つ子どもで、バイリンガル教育を受けている子ども達や、国内外のインターナショナルスクールやイマージョンプログラムで日本語を学ぶ子ども達も、日本語と他の言語を両方自分のことばとしながら成長しています。本書は、海外在住のマルチリンガルの子ども達だけでなく、このような日本在住の外国人（定住、永住、短期など）の子ども達にもご使用いただけます。

　人々が国境を越えて活動する時代になり、日本語も世界の様々な場所で話され、学習されるようになりました。そこで、私たちは、そのような子ども達が日本語を学ぶ教科書「おひさま：試用版」を作成しました。この試用版を多くの国や地域の方に実際に使っていただき、多数の有意義なフィードバックをいただきました。そして、その声をもとに、幅広く子ども達の日本語学習に使えるよう何度も改良を重ね、このたび刊行されたのが本書『おひさま』です。

　『おひさま』が目指すのは、子ども達一人一人の言語の体験や知識を豊かにし、異文化理解を促進することで、自己表現と相互理解を可能にするための日本語学習です。単なる知識としての日本語学習ではなく、子ども達の興味の幅を広げ、豊かな感受性や知的好奇心、さらに国際感覚を育むためのトピックを厳選しました。また、多数の写真やイラストを用い、日本だけでなく世界にも視野を広げながら楽しく学べるようにしました。さらに、様々な楽しい活動を通し、日本語を話したり聞いたりする力を身につけると同時に、自分で体験し、考えさせることも重視しました。そして、同じ教室内に、様々な年齢や日本語レベルの子どもが混在する場合でも使えるよう、同じページにレベルを分けた設問を入れるように構成しました。各ページに「おうちの方へ」を設け、活動の目的や教える際のアドバイス、発展的な活動などを紹介しています。教える際に役立つので、教育機関だけでなく、ご家庭でも十分にお使いいただけます。

　最後に、本書の試用版にご意見を寄せていただきました皆様に心より感謝申し上げます。また、「だい 11 ぽ：どうぶつ」は東京大学の細将貴先生、「だい 15 ほ：ふく」は着物デザイナーの豆千代さん、「だい 24 ほ：かんきょう」は神戸大学の石川雅紀先生、京都経済短期大学・神戸大学の小島理沙先生、「だい 25 ほ：うちゅう」は東京大学の藤井通子先生に専門的な立場から監修していただきました。ここに記し、謝辞を表したく存じます。そして、ご指導くださった早稲田大学大学院の川上郁雄先生、真心溢れる励ましのお言葉をかけてくださったプリンストン大学の佐藤慎司先生、国立国語研究所の野山広先生、アムステルダム日本人幼稚園（チューリップ学園）園長の立花三枝先生にも、心より感謝申し上げます。最後に、くろしお出版の岡野秀夫さん、市川麻里子さん、坂本麻美さん、金髙浩子さんには、言葉に尽くせぬほどお世話になりました。著者一同、深く感謝しております。

　本書が、子ども達の楽しい日本語学習の一助になることを願っております。

2018 年春　山本絵美・上野淳子・米良好恵

もくじ

本書の特徴

1　マルチリンガル、バイリンガルの子どもが対象

複数の言語や文化に囲まれて成長する**マルチリンガル（複数の言語を使用する人）**やバイリンガルの子ども**（幼稚園・保育園（3・4歳）～小学校低学年）が対象**です。また、**国内在住の外国人の子ども、帰国子女**などにもお使いいただけます。マルチリンガルの子ども達がすでに持っている複数の言語の知識や文化を誇りにして、日本や世界の国々についての興味を広げながら、日本語を学べます。

2　教育機関でもご家庭でも使える

海外の補習授業校、日本人幼稚園や日本人学校、インターナショナルスクール、日本の地域日本語教室などの教育機関でも、ご家庭でも使用できます。

3　多様なトピック、国際感覚を養う内容で日本語を学ぶ

「食べ物」「生活」「いろいろな行事」「季節・天気」など**生活に必要な**トピックから、「世界の国」「動物」「環境」「植物」「宇宙」など、子どもの**知的好奇心を刺激し、思考や内面を豊かにする**トピックを選び構成したので、幅広い語彙習得が可能です。さらに、世界の食文化や気候や風習なども紹介し、日本だけでなく**世界の国々に視野を広げながら**学べます。

4　対話（「聞く」「話す」）能力を高め、様々な活動を通して体験し、考える力を重視

多数の対話を促す練習問題で**聞く力、話す力を高める**と同時に、**自己表現やコミュニケーションのための日本語**が身につけられます。また、工作、ゲーム、実験、料理、お絵描き、歌など、様々な楽しい活動を通して、**子どもが自分で考え、想像する力**も養います。

5　教える側へのアドバイスが充実

各ページに「おうちの方へ」という教え方の解説を設けました。活動の目的や教える際のアドバイス、発展的な活動などを紹介しています。**教師の方々の授業準備にはもちろん、ご家庭で親御さんが教える場合**にも役立ちます。

6　難易度を星マークで表示

同じ教室に様々な年齢、日本語レベルの子どもが混在する場合でも使用できるよう、同じトピックで難易度を分けた設問を出題しています。**多様な学習者が集まる教室**でもご使用いただけます。

7　社会の多様性を意識

日本人だけでなく、様々な国籍の人々を登場させ、職業のジェンダー・ステレオタイプや、家族の多様性にも配慮をしました。

8　芸術に対する感性や興味

世界の名画や音楽なども紹介し、芸術に対する感性や興味を養い、文化資本を豊かにします。

本書の使い方

1 各活動のねらいとやり方

おはなし

各課（ほ）のトピックについて、子ども達が自分の知識や経験を生かして自由に話すことを目的としています。トピックを導入する役割も果たしていますので、ここで自分が言いたいことを上手に表現できなくても構いません。子どもが話したいように自由に話させ、それにじっくり耳を傾けてあげてください。難しかった部分は、次の「ことば」の学習で補うようにしましょう。

ことば

語彙、表現、文法を学びます。語彙を覚える問題と、対話を促す練習問題があります。答えがわからない場合は、お子さんの様子を見ながら、まずヒントを出してあげましょう。わからなかった部分は、「あそび」や「みてみよう」の会話の中でも、意識的に使ってあげてください。そして、別の日に、普段の会話の中で復習すると定着しやすいです。また、各課（ほ）で学習する語彙（子どもが発すると思われる語彙も含む）は巻末の「語彙・表現リスト」を参考にしてください。

あそび

工作・制作やお絵描き、料理、ゲームなど、体を動かしたり感性を刺激したりして、楽しみながら日本語を練習することが目的です。ただ作業をさせるだけでなく、「なにを使うのかな？」「この形は、どんな形？」など、意識的に話しかけ会話を引き出しながら活動しましょう。子どもが得意とする自由な発想と想像力を言語に結びつけ、豊かな表現力を身につけられるようにしましょう。

みてみよう

各課（ほ）に関連した情報を、図鑑を眺めるように楽しみながら、興味や関心を広げるためのページです。「おひさまくん」の台詞をもとに、写真やイラストの細部に注目したり、自分（在住国）のことと比較したり、いろいろなことを話してください。子ども達の視野を世界へと広げることを目的としています。

うたってみよう

歌を通して、語彙や表現、日本文化を学ぶことが目的です。トピックに関連した歌の中で、子ども達に人気があるものや昔から親しまれているものを紹介しました。授業の最初や最後、あるいは、学習の合間の気分転換も兼ねて歌ってください。本書に出てくる歌をクラスで一緒に練習し、歌の発表会を設けるのもいいでしょう。（※楽曲は、インターネットを利用するなど各自で入手してください。）

おうちの方へ

練習問題の目的やポイント、子どもがつまずきそうな箇所へのアドバイス、注意点、発展練習を紹介しています。お子さんと学習を始める前に予め読んでおくと、より効果的でスムーズな練習につながります。教師の方々の授業の準備にも役立ちますし、新米の教師の方々やご家庭で学習する場合の保護者の方でも、「おうちの方へ」を読んで進めていただければ、問題なくお子さんの学習を進められます。

各ページの練習問題は、星の数で難易度を示してあります。同じ教室に様々な年齢や日本語レベルのお子さんが混在する場合、適宜そのお子さんにあった練習問題を使い分けてください。また、星のレベルによって本書をカスタマイズ（1年目は星1つと2つの問題をメインに、2年目は星3つの問題をメインにするなど）することもできます。

★ ··············· 入門レベル。言語化しなくてもイラストや写真を使って指をさして解答可能な問題や、絵や動作で表す問題。イラストや写真とそのことばが併記してあり、それを復唱する、あるいは単語のみで答える問題。

★ ★ ········· 基本レベル。星1つで学習したことを応用して、単語や短い文で答えられる問題や選択問題。その課（ほ）（あるいは既習）の語彙や概念を理解し使えるレベル。絵を描く活動、「読み物」を読む活動と簡単な内容理解を含む。

★ ★ ★ 応用レベル。その課（ほ）（あるいは既習）の語彙や概念を理解し使えることが前提で、自分で考え、想像し、内容をまとめたり、比較したり理由を言ったりする練習。複雑な思考や表現を必要とする。「読み物」の内容理解を含む。

2 注意点

● 設問文では「せんせい」となっていますが、ご家庭で使用される場合には、「おかあさん」や「おとうさん」に置き換えて読んでください。

● お子さんが問題をすらすら解けなかったり、ことばがなかなか覚えられない場合にも、焦らずじっくり取り組ませてあげてください。楽しく学ぶこと、時間をかけて定着させることが子どもの日本語学習では一番大切です。

● マルチリンガルのお子さんは、自分のことばに自信が持てず、人知れず悩んでいることが、よくあります。繊細な気持ちを傷つけないよう、お子さんの言い間違いを真似て笑ったり、言い間違いを厳しく叱ることは、極力避けてください。

● ご自身の幼少時、日本国内で日本語環境で育ったという方は、ご自身の子ども時代の日本語を基準にしてお子さんの日本語力について考えないようにしましょう。

● 同じ環境にいるように見える友達同士、あるいはきょうだいでも、言語習得の進度は大きく異なります。また、ぐんと伸びる時期も違いますので、他のお子さんを見て焦ったり、悩んだりされる必要はありません。

● 常に、お子さんの言語能力の優れた部分、できるところに目をむけて、できるようになったところを褒めてあげてください。マルチリンガルの子どもの日本語学習は、時間のかかる学習です。おうちの方も、無理をせずにお子さんの日本語学習と向き合いましょう。

● 世界の文化や行事の情報に関しましては、同じ国であっても、地域や個人によって異なることもあります。

● 工作やゲーム、料理などの活動の際は、安全に気をつけて行うようにしてください。

3 教室で使用する場合

　生徒(子ども)の反応を、よく見ながら授業を進めてください。同じ教室に年齢や日本語レベルの違うお子さんがいる場合には、適宜、練習問題を使い分けて(星の数を参考に)、その生徒にあった学習をさせてください。また、教師と生徒だけでなく、生徒同士にもやり取りが生まれるように、「○○ちゃんは、どうかな。聞いてみよう」など、声がけをしてください。

　また、日本語の語彙や表現が難しい場合には、「～は、○○語では、何?」など、積極的に現地語やその生徒が使える言語を生かしましょう。「先生はわからないから、誰か、○○語で教えて!」と生徒に活躍の場を与えるのもいいでしょう。

　工作やゲーム、制作の活動の際には、保護者の方々やボランティアのお兄さん・お姉さん(中・高・大学生)にも来て手伝ってもらい、一緒に作ったり活動したりするのも、子どもにとって嬉しい経験となります。また、料理の活動は、保護者を含めた生徒全員で作る「特別お料理クラス」を設けると、普段のクラスを越えた生徒同士や家族の学び合いの輪が広がります。この時は、日本語を話す保護者も、話さない保護者も、分け隔てなく招待することで、子どもの言語学習を一体となってサポートする、教室や家族の雰囲気作りにも役立ちます。本書は楽しく日本語を学べるように工夫されていますので、その楽しみや喜びをできるだけ多くの人と共有できるように進めてください。それが子ども達の日本語学習の意欲につながります。

4 ご家庭で使用する場合

　授業時間の制約がありませんので、お子さんの興味に合わせ、ゆっくり時間をかけて(1日に少しずつでも)取り組んでください。各ページの「おうちの方へ」を随時参考にしながら進めてください。家族でできる発展的な活動は積極的に行ってみてください。

　「あそび」で作った作品は、写真をとってファイルにするといいでしょう。また、作品や動画(作品を紹介するなど)を日本の祖父母や親戚に送ったりすると、遠く離れた親戚とのコミュニケーションも深まり、子ども達の日本語学習を続けるモチベーションにもつながります。また、各課(ほ)で紹介している歌をお子さんと一緒にお風呂に入っている時に一緒に歌ったり、お料理をしている時に口ずさんだりするなど、学んだことを日常生活の中で自然に取り入れていくと、より日本語の定着を図ることができます。また、「みてみよう」に関連して、ご自宅の図鑑などで一緒に調べたり、実際に美術館や博物館に行って体験するといいでしょう。

● 『おひさま』WEB サイト

http://www.9640.jp/ohisama/

『おひさま』WEB サイトでは、本書で学習する際に役立つアイテム、最新情報などを配信しております。適宜ご活用ください。

- ● 「おうちの方へ」の翻訳
  (非日本語話者の親御さんや教師の方々が理解できるように翻訳をご用意しております)
- ● 絵カード

学習項目表

		タイトル	おはなし(話のトピック)	ことば・文法	あそび	みてみよう	うた
1 ぼく・わたし	1歩	ぼく・わたし	自己紹介(名前、年齢、好きな食べ物) 好きなこと(家、外)	挨拶 数 (いろいろな助数詞／1-10)	工作(いとでんわ)	いろいろな一人称	「ごあいさつのうた」 詞:北田てつや／曲:岡井大二 「いっぽんでも ニンジン」 詞:前田利博／曲:佐瀬寿一
	2歩	かぞく	家族の名称 人数の数え方	数(人数[〜にん]／1-5) 家族・兄弟姉妹の名称 拍（長音、拗音）	まちがいさがし (家族)	動物の家族	「とうさんゆびどこです」 フランス民謡 「おかあさん」 詞:田中ナナ／曲:中田喜直
2 いろいろなくに	3歩	せかいのくに	世界の国旗 色	世界の国 色、形(国旗) 形容詞・反対語 (大きさ・量・距離・寒暖)	美術鑑賞 お絵描き(世界の有名な絵画の模写)	世界の動物	「小さな世界」 訳詞:若谷和子／曲:SHERMAN RICHARD M / SHERMAN ROBERT B
	4歩	にほん	日本の地図 日本の有名なもの	日本の有名なもの 形容詞(高低) キャラクター	料理(おにぎり)	富士山	「さくらさくら」 日本古謡 「ふじの山」 詞:厳谷小波／曲:文部省唱歌
3 たべもの	5歩	ごはん・おやつ	ごはん、おやつ、飲み物	食べ物 形容詞(味・食感) 数(物[〜つ]／1-5)	まちがいさがし (ピクニック)	世界のごはん	「だんご3兄弟」 詞:佐藤雅彦・内野真澄 曲:内野真澄・堀江由朗
	6歩	やさい・くだもの	野菜、果物	野菜・果物 形容詞・反対語(大きさ・長さ) 形容詞(感触)	ゲーム (フルーツバスケット)	野菜の断面	「やさいのうた」 詞・曲:二階堂邦子 「おべんとうばこのうた」 詞:香山美子／曲:小森昭宏
	7歩	おこのみやき	お好み焼き(材料)	お好み焼きの作り方 形容詞・反対語(厚さ) 動詞(料理) 数(物[〜つ]／1-10)	手の洗い方 料理 (おこのみやき)	世界のパンケーキ	「おふろのかぞえ唄」 詞:高田ひろお／曲:芽蔵人
4 おいわいごと	8歩	たんじょうび	誕生日 プレゼント	あげる／もらう／くれる 数(年齢[〜さい]) 数(物[〜だい][〜さつ])	ゲーム (プレゼント交換)	世界のことばで「お誕生日おめでとう」	「おもちゃのチャチャチャ」 詞:野坂昭如／曲:越部信義 「だれにだっておたんじょうび」 詞:一樹和美／曲:上柴はじめ
	9歩	おしょうがつ	日本の大晦日 日本のお正月	十二支の動物 動詞(動物の動き) 数(動物[〜ひき])	ゲーム (ふくわらい)	世界の大晦日、お正月	「お正月」 詞:東くめ／曲:滝廉太郎
	10歩	いろいろなぎょうじ	日本の行事	日本の行事 行事で使うもの 月(1月〜12月)	まちがいさがし (ひな祭り)	日本のお祭り	「うれしいひなまつり」 詞:サトウハチロー／曲:河村光陽 「こいのぼり」 詞:近藤宮子／曲:不詳 「赤鼻のトナカイ」 詞:新田宣夫／曲:MARKS JOHN D
5 いきもの	11歩	いきもの	動物	動物 形容詞(動物の描写) 動物の鳴き声	手あそび (グーチョキパー)	かたつむり	「ぞうさん」 詞:まどみちお／曲:團伊玖磨 「かたつむり」 詞・曲:文部省唱歌
	12歩	きょうりゅう	恐竜	恐竜、恐竜の生態、特徴 形容詞(大きさ・重さ) 比較 想像(「もし〜たら」)	塗り絵(恐竜) お絵描き		「恐竜が街にやってきた」 詞:仲倉重郎／曲:藤家虹二
	13歩	はな・き	花・木・草	植物の用語 動詞(植物の栽培) 植物の成長	制作 (はりえ・ちぎりえ)	世界の珍しい植物	「チューリップ」 詞:近藤宮子／曲:井上武士 「ひらいたひらいた」 わらべうた

1

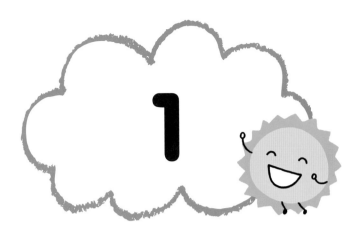

ぼく・わたし

ぼく・わたし

できたね!

シール

おはなし

1 なまえを　おしえて　ください。

2 なんさいですか。

0 ぜろ　**1** いち　**2** に　**3** さん　**4** よん　**5** ご

6 ろく　**7** なな　**8** はち　**9** きゅう　**10** じゅう

3 すきな　たべものは　なんですか。
したの　しゃしんの　なかに　ありますか。

すし	おにぎり
はんばーがー ハンバーガー	らーめん ラーメン
あいすくりーむ アイスクリーム	けーき ケーキ
ちょこれーと チョコレート	ぴざ ピザ

★おうちの方へ★
自分の年齢や好きな食べ物を日本語で表現する意欲を持つことが目的です。お子さんの様子をよく見ながら、答えやすい問いかけをすることが大切です。年齢がうまく言えない時は、数字の書いてある風船を指すよう促してください。また、好きな食べ物が上記にない時は、ページの空いている所に絵を描いてあげましょう。

おはなし　すきな　こと

1 なにを　するのが　すきですか。
したの　えを　みて　こたえましょう。

2 どうして　すきですか。

★おうちの方へ★

何をするのが好きなのか、絵を見て答えられるようになることが目的です。誰とどこでするのが楽しいか、きのうは何をしたかなど、話を広げるのもいいでしょう。ことばが出ずに困っていたりイライラしている時は「～かな？」と優しく助け舟を出しましょう。「サッカーをする」「三輪車に乗る」など、動詞もしっかり使って話せると、さらによいです。

ことば　あいさつ

1 ☆　せんせいと　いっしょに　いって　みましょう。

2 ☆☆☆　ほかの　くにの　ことばで　いって　みましょう。

★おうちの方へ★
日本語でよく使うあいさつを覚えて使えるようになることが目的です。また、お子さんが話せる日本語以外のことばのあいさつ表現についても確認してみましょう。あいさつの練習をする時は、たとえば伸びをするポーズといっしょに「朝、起きました。おうちの人に、なんてあいさつしますか」など、全身を使って場面が想像しやすいようにしてあげてください。

ことば　　かず

1 ☆　えを　みて　1から　10まで　かぞえましょう。

2 ☆　えを　みて　10から　1まで　かぞえましょう。

3 ☆☆　せんせいが　ゆびさす　かずを　いいましょう。

1 いち　　いっぽん

2 に　　にそく

3 さん　　さんそう

4 よん/し　　よつぶ

5 ご　　ごだい

6 ろく　　ろくわ

7 しち/なな　　しちひき

8 はち　　はっとう

9 きゅう　　きゅうはい

10 じゅう　　じゅっこ

4 ☆☆☆　ふでばこの　なかに　えんぴつは
なんぼん　ありますか。

★おうちの方へ★
10までの数字を数えられるようになること、同時に「～本」「～個」などの助数詞の概念
を知ることが目的です。ご家庭にある物を使って、実際に数える練習もよいでしょう。上
のイラストは、「いっぽんでもニンジン」の歌の中に出てくるものの絵です。なぜそれがその
数なのか、歌詞のおもしろさを考えながら勉強しましょう。

いとでんわを つくろう!

1 いとでんわを つくりましょう。

よういするもの

かみコップ（2こ）

いと

セロファンテープ

きり（アイスピック）

つくりかた

① かみコップに あなを あけます。

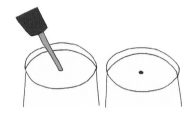

② かみコップに いとを とおします。

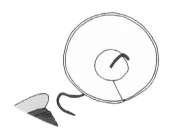

③ セロファンテープで いとを とめます。

④ できあがり。

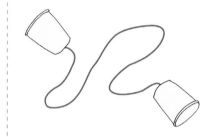

2 いとでんわで じぶんの ことを はなしましょう。

れい 「わたしは、ねこと いぬと うさぎが すきです。」

3 いとでんわで でんごんゲームを しましょう。

★おうちの方へ
　糸電話を使って楽しみながら、自分の名前、年齢、好きなもの、好きな色などについて話すことが目的です。この活動をする時は、糸電話の糸をわざとゆるくしたり、糸の中央をつまんで「聞こえる?どうして聞こえないのかな?」などと問いかけるような「ハプニング」を入れると、さらに考えるきっかけになります。

いろいろな　ぼく・わたし

かぞく

おはなし

1 まりあちゃんの かぞくは なんにんですか。
したの えを みて こたえましょう。

2 あなたの かぞくは なんにんですか。
だれが いますか。

★おうちの方へ★
家族の名称を覚えるのが目的です。数字の復習も兼ねて、家族の人数も言えるように練習します。余裕があれば、イラストを見て「どんな人だと思う?」「何歳くらいだと思う?」と質問するのもいいですね。発展練習として、お気に入りのアニメや映画に出てくるキャラクターのきょうだいについて、「○○ちゃんは、□□の妹?」などと話すのも楽しいです。

ことば　なんにん？

1 ☆　なんにんですか。

1　ひとり
2　ふたり
3　さんにん
4　よにん
5　ごにん

2 ☆☆　それぞれ　なんにんですか。

1　2　3　4　5

★おうちの方へ★
人の数え方を学ぶのが目的です。特に「〜にん」ではない、「ひとり」「ふたり」は難しいですが、もしことばが出てこない時は、おうちの方がすぐに答えを言ってしまうより、たとえば「二人」の「ふ……」など途中まで言って、ヒントをあげてください。余裕があれば、大きい数の人数の練習をするのもいいでしょう。

ことば　きょうだい

1 ⚬　あなたに　きょうだいは　いますか。

2 ⚬⚬　きょうだいは　なんにん　いますか。

3 ⚬　けいくんに　おねえちゃんは　いますか。
　　したの　えを　みて　こたえましょう。

けいくん

おねえちゃん　　おにいちゃん

4 ⚬⚬　れなちゃんの　おとうとは　なんにんですか。
　　したの　えを　みて　こたえましょう。

れなちゃん

おとうと　　いもうと

★おうちの方へ
家族の名称のうち、きょうだいの呼び方について学びます。きょうだいがいないお子さんの場合は、どんなきょうだいがいたら楽しいか、話してみることもできます。追加練習として、たとえば「このページに、女の子は全部で何人いるかな」と話したり、さらに発展として、「れなちゃん」のきょうだいの絵を見ながら、七五三の文化について話すことも可能です。

ことば　おとの　かず

1　☆　したの　えを　みて、おとの　かずだけ　つくえを
　　たたきながら　いいましょう。

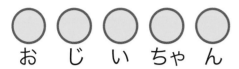

○ ○ ○ ○ ○　　　　　○ ○ ○ ○ ○
お じ い ちゃ ん　　　　お ば あ ちゃ ん

○ ○ ○ ○　　　　　　　○ ○ ○ ○
お じ ちゃ ん　　　　　　お ば ちゃ ん

2　☆☆　おとの　かずだけ　てを　たたきながら
　　　　いって　みましょう。

1）おかあさん

2）おとうさん

3）いもうと

4）おとうと

5）おねえちゃん

6）おにいちゃん

★おうちの方へ★
拍（音の数）の違いにより、ことばの意味が変わることを知るのが目的です。おうちの方が
「おじいちゃん」か「おじちゃん」のうちどちらかを読みあげ、どっちの絵か聞いたり、
先に絵を指さして、言わせてみたりするのもいいですね。手や机をたたいたり、おうちにタン
バリンなどがあれば、それを使って音を出しながら、音の数を確認する練習もできます。

まちがいさがし

きょねんと ことしの まりあちゃんの かぞくの えです。
ちがう ところが 7つ あります。はなしましょう。

きょねん

ことし

こたえは p.176

★おうちの方へ
実際に家族の写真を使って、昔と今と何が違うか話してみるのもいいでしょう。見た目の
変化だけでなく幼稚園や学校のこと、好きだったものの変化などにも、話を広げてくださ
い。質問の仕方を少し変えて、「去年はどうでしたか？今年はどう変わりましたか？」などに
すると、少し難易度が上がります。

どうぶつの　かぞく

ペンギン

おとうさんは　にかげつ　あしの
うえで　たまごを　あたためます。

Roger Clark ARPS/Shutterstock.com

カンガルー

おかあさんは　おなかの　ふくろの
なかで　あかちゃんを　そだてます。

MattLoves/Shutterstock.com

チーター

おかあさんは　2ひきから　6ぴきの
こどもを　そだてます。

GUDKOV ANDREY/Shutterstock.com

いるか

おかあさんや　おばちゃんが
いっしょに　こどもを　そだてます。

vkilikov/Shutterstock.com

たつのおとしご

おとうさんが　あかちゃんを
うんで　そだてます。

iStock.com/Kristina Lupian

かっこう

べつの　とりに　そだてられます。

francesco de marco/Shutterstock.com

★おうちの方へ★
　ペンギンの中でもコウテイペンギンは、父親が子育てをします。いるかは、母親だけでなく同じ群れのメスがいっしょに子どもを育てます。　人にも動物にも、いろいろな家族のかたちがある（お父さん、お母さん、子どもという家族ばかりではない）ことを学ぶと同時に、いろいろな生き物の生態について、お子さんといっしょに知るきっかけにしてください。

すきなことをかいてね！

いろいろなくに

葛飾北斎「冨嶽三十六景」東京国立博物館所蔵

だい **3** ぽ　せかいのくに

できたね!

シール

📏 **おはなし**

1　みぎの　えは　どこの　こっきですか。

2　しって　いる　こっきは　どれですか。なにいろですか。

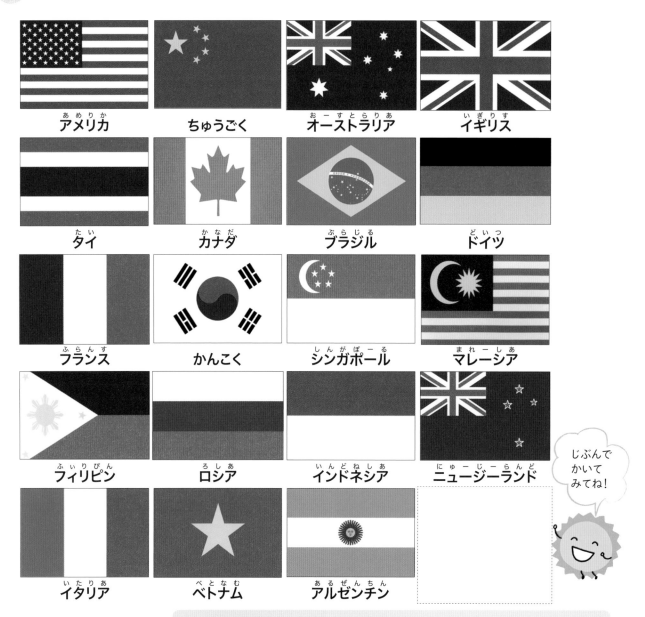

アメリカ	ちゅうごく	オーストラリア	イギリス
タイ	カナダ	ブラジル	ドイツ
フランス	かんこく	シンガポール	マレーシア
フィリピン	ロシア	インドネシア	ニュージーランド
イタリア	ベトナム	アルゼンチン	

じぶんで
かいて
みてね!

★おうちの方へ★
　いろいろな国旗を通して、世界の国に興味を持つことが目的です。世界にはさまざまな国があることを、おぼろげながら理解できれば大丈夫です。また、右下の空欄には、お子さんが好きな国(自分が住んでいる国、行ったことがある国でもいいです)の国旗・国名を描いてください。

ことば　いろ・かたち

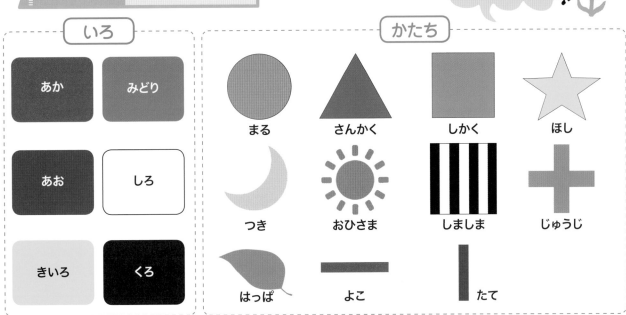

いろ

あか	みどり
あお	しろ
きいろ	くろ

かたち

まる　さんかく　しかく　ほし
つき　おひさま　しましま　じゅうじ
はっぱ　よこ　たて

1 ★ ★　したの　こっきは　なにいろですか。

2 ★ ★　どんな　かたち、もようですか。

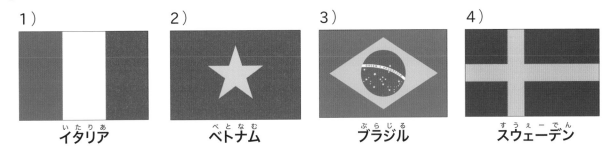

1)　イタリア（いたりあ）

2)　ベトナム（べとなむ）

3)　ブラジル（ぶらじる）

4)　スウェーデン（すうぇーでん）

3 ★ ★ ★　ふたつの　こっきを　くらべましょう。
なにが　おなじですか。なにが　ちがいますか。

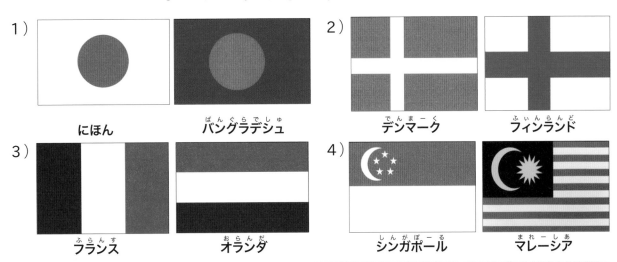

1)　にほん　　バングラデシュ（ばんぐらでしゅ）

2)　デンマーク（でんまーく）　　フィンランド（ふぃんらんど）

3)　フランス（ふらんす）　　オランダ（おらんだ）

4)　シンガポール（しんがぽーる）　　マレーシア（まれーしあ）

★おうちの方へ★
国旗を通して、色や形の表現を学ぶのが目的です。水色の枠内の「いろ」や「かたち」を
いっしょに読んでから、問題に取り組んでください。ここにはない国旗や、それぞれの国
旗の意味を調べるのもいいですね。③は、「ここが違う」という答えではなく、「こっちは白い
十字で……」など、できる限り具体的な説明をするように促しましょう。

1 ☺ 「おおきい　はた」、「ちいさい　はた」　どちらかを　せんせいが
いいます。せんせいが　いった　ほうの　はたを　ゆびさして
ください。

おおきい

ちいさい

2 ☺ どちらの　はたの　ほしが　おおいですか。
どちらが　すくないですか。

おおい

すくない

3 ☺ にほんから　どちらの　くにが　とおいですか。
どちらが　ちかいですか。

ちかい

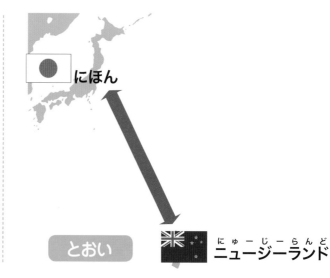

とおい

ニュージーランド

★おうちの方へ★
反対語を学ぶことが目的です。②の左はオーストラリアの国旗、右はニュージーランドの
国旗です。地理に興味があるお子さんでしたら、発展練習としていっしょに世界地図や地
球儀を見ながら、それぞれの国の場所を確認したり、その国の国土が「広い」か「狭い」か、
日本（または在住国）と比べて「暑い」か「寒い」かなどを話すのもいいですね。

ことば　　いま、さむい？

2ど

1 ☺ いちがつの　ある　ひの　にほんです。
さむいと　おもいますか。
あついと　おもいますか。

2 ☺☺ したの　えは、①の　にほんと　おなじ　ひです。
ほかの　くにでは　どうですか。
さむいですか。あついですか。おなじくらいですか。

3 ☺☺☺ にほんより　さむい　くには　どこですか。
あつい　くには　どこですか。

-7ど
ろしあ
ロシア

4ど
ふらんす
フランス

1ど
あめりか
アメリカ

2ど
にほん

28ど
たい
タイ

28ど
おーすとらりあ
オーストラリア

26ど
ぶらじる
ブラジル

★おうちの方へ★
同じ時期であっても、国・地域によって季節も気温も異なることを知るのが目的です。温度やマイナスの概念については、今すぐ理解できなくても大丈夫です。イラストの服装や温度計などから、寒いと思うか、暑いと思うか予想しましょう。地図の上のほうは寒く、下のほうは暑いことから、「北半球」と「南半球」「赤道」について知るきっかけにもなります。

ゆうめいな えを かいてみよう

1 したの えは せかいの ゆうめいな えです。
どんな いろ、かたちですか。えの なかに なにが ありますか。
どんな ひとが いますか。はなしましょう。

1)

2)

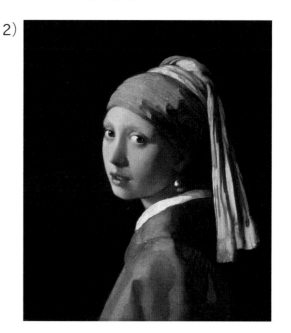

3)

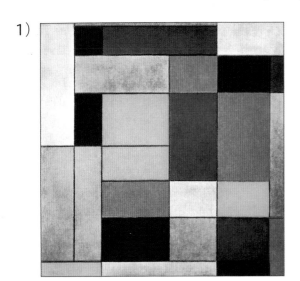

4)

2 うえの えを まねして かいて みましょう。

1) モンドリアン「灰色、赤、黄、青のコンポジション」テート・ブリテン所蔵
2) フェルメール「真珠の耳飾りの少女」マウリッツハイス美術館所蔵
3) セザンヌ「りんごとナプキン」東郷青児記念 損保ジャパン日本興亜美術館所蔵
4) 鳥羽僧正「鳥獣人物戯画」栂尾山 髙山寺所蔵

★おうちの方へ★
子どもの頃から名画に触れることで、感じたことを素直にことばに出す習慣にも繋がります。絵を見ながら、たとえば、1)「黄色い四角は何個ある?」、2)「この人は、嬉しそうに見える?悲しそうに見える?」、3)「どのリンゴが一番おいしそう?」、4)「何の動物かな?何をしているのかな?」などと話しながら、いっしょに楽しみましょう。

せかいの　どうぶつ

せかいには　いろいろな　どうぶつが　いるよ。
しってる　どうぶつは　どれかな。

iStock.com/nataka

★おうちの方へ★
日本や在住国、その近くの地域にどのような動物がいるのか、また自分が好きな動物はどのあたりに住んでいるのか、興味を持つことが目的です。イラスト以外のお話、たとえば、日本なら、「ニホンザルは世界で一番北に住んでいる猿だよ」「昔は日本にも狼がいたんだって」といった話をしてあげてもいいですね。

おはなし

1 りんごは ちずの どこに ありますか。

2 しかは ちずの どこに いますか。

3 どこに いったことが ありますか。

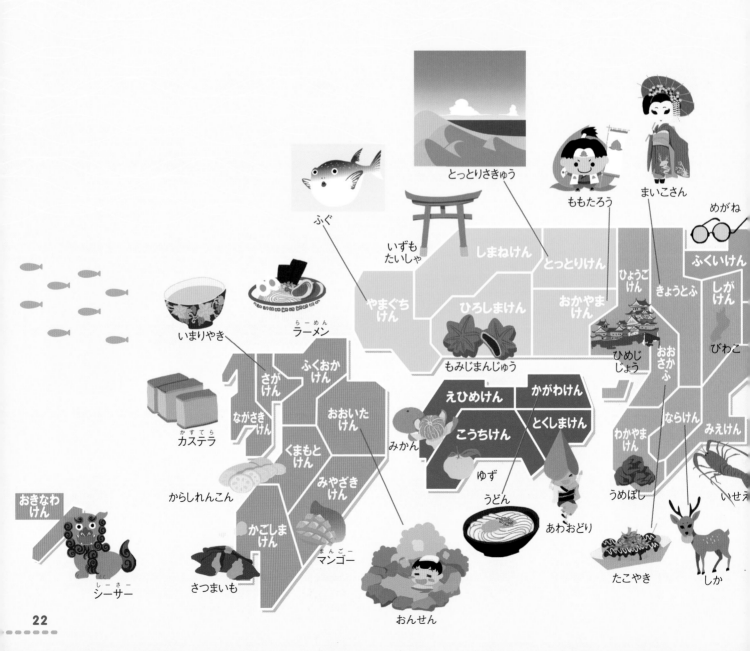

とっとりさきゅう

ももたろう

まいこさん

めがね

ふぐ

いずも
たいしゃ

しまねけん

とっとりけん

ふくいけん

ひょうご
けん

きょうとふ

しが
けん

いまりやき

ラーメン

やまぐち
けん

ひろしまけん

おかやま
けん

ひめじ
じょう

おおさかふ

びわこ

もみじまんじゅう

カステラ

さが
けん

ふくおか
けん

えひめけん

かがわけん

おおさかふ

ながさき
けん

おおいた
けん

こうちけん

とくしまけん

わかやま
けん

ならけん

みえけん

くまもと
けん

みかん

からしれんこん

みやざき
けん

ゆず

うどん

うめぼし

いせえ

おきなわ
けん

シーサー

さつまいも

かごしま
けん

マンゴー

あわおどり

たこやき

しか

おんせん

ほっかいどう

ひぐま

けんろくえん

おこめ

ほたるいか

あおもりけん

りんご

あきたいぬ

あきたけん

いわてけん

なんぶてっき

そば

やまがた
けん

みやぎけん

こけし

さくらんぼ

いしかわ
けん

とやま
けん

にいがたけん

ふくしまけん

あかべこ

ぎふけん

ながの
けん

ぐんまけん

だるま

とちぎけん

いばらき
けん

みざる
いわざる
きかざる

らかわ
ごう

やまなし
けん

さいたま
けん

なっとう

ちけん

とうきょうと

しずおか
けん

ふじさん

かながわ
けん

ちばけん

そうかせんべい

くるま

だいぶつ

とうきょうタワー

なりたくうこう

★おうちの方へ★
日本はどのような形で、自分たちはどこに行ったことがあるのか、また、おうちの方の出
身地はどこなのかなどに興味を持ってもらうことが目的です。ここでは各都道府県の観光
地や名産品を紹介していますが、それを見たことがあるか、食べたことがあるかなど、イラス
トを見ながら話しましょう。もしその時の写真があれば、写真を見て話すのもいいでしょう。

だい
4
ほ

ことば　ゆうめいな　もの

1 ☆　したの　えは　それぞれ　なんですか。
　　みた　ことが　ありますか。

| すし | おんせん | さくら |

2 ☆　どちらの　やまの　ほうが　たかいですか。

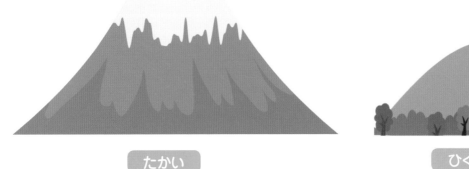

| たかい | ひくい |

3 ☆　22、23 ページの　ちずを　みて　はなしましょう。
　　にほんには　どんな　ゆうめいな　ものが　ありますか。

☆☆　どれが　ほしいですか。どうしてですか。

★おうちの方へ★
日本の有名なものを表すことばを学び、それについて経験したことがあるか話してみましょう。①は実際に見たことがあるという話でも、「テレビで見た」でもかまいません。見たり、経験したりした結果、お子さん自身がどう思ったかについても聞いてあげてください。②の高い山は富士山です。富士山は、27 ページの「みてみよう」にも登場します。

©2018 SAN-X CO., LTD.
ALL RIGHTS RESERVED.

1 ☆☆ この　キャラクターを
しって　いますか。
なんと　いう　なまえですか。

2 ☆☆ なんの　どうぶつに　みえますか。

3 ☆☆ からだの　いろは　なにいろですか。

4 ☆☆ あなたが　いちばん　すきな　キャラクターは
なんですか。えを　かいて　はなしましょう。

★おうちの方へ★
ここではキャラクターを使って、好きなものについて説明する表現を学びましょう。①の
答えは「リラックマ」です。詳しいプロフィールや、好きなものは、インターネットなど
で探してみましょう。④は、お子さんが描いてから、名前は何か、どんなキャラクターなの
か、何が好きなのか、どうして好きなのかなど、たくさん説明させてください。

おにぎりを　つくろう!

1　おにぎりを　つくって　みましょう。

おにぎり
たべたこと　ある?

よういするもの

ごはん　　　　うめぼし

しお　　　　　しゃけ

のり　　　　　ごま

2　どんな　かたちですか。
　　いくつ　できましたか。
　　どんな　おにぎりが　すきですか。

どんな　おはなしだと　おもいますか。
はなしましょう。
そのあと　えほんを　よんだり
インターネットで　ビデオなどを
さがして　みてみましょう。

★おうちの方へ
おにぎり作りを通して日本の食文化に触れ、同時にさまざまな表現を学びます。教室の場合は、調理の前後に「おむすびころりん」のお話を読んだり話したりすることで、「おにぎり」をテーマにした一つの授業も展開できます。「どんな形だと転がりやすいかな」「ねずみはどんなおにぎりが好きなのかな」など、「おにぎり」を軸に話を広げましょう。

ふじさん

ふじさんって　きせつ、てんき、じかんに　よって
いろいろな　みえかたが　あるんだね。

だい
4
ほ

ふじさん

ふじさんは　どこに　あるの?

しずおかけんと　やまなしけんの
あいだに　あるよ。

ふじさんは　どれくらい　たかいの?

3776 メートル。
とうきょうスカイツリーの
6つぶんの　たかさだよ。

◀とうきょう
スカイツリー
（634 メートル）

さかさふじ

あかふじ

うきふじ

あおふじ

★おうちの方へ★
さまざまな顔を持つ富士山について知り、なぜいろいろな名前で呼ばれるのかを考えることが目的です。写真はそれぞれ、湖に映し出された「逆さ富士」、雲の上に浮かんでいるように見える「浮き富士」、主に晩夏から初秋の朝日に染まった「赤富士」、山肌が青みがかった「青富士」です。富士山は2013年に世界遺産登録されました。

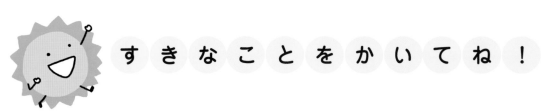 すきなことをかいてね！

3

たべもの

だい **5** ほ

だいごほ

ごはん・おやつ

できたね!

シール

おはなし

1　すきな　たべものは　なんですか。

2　きのう　なにを　たべましたか。

おにぎり	ハンバーグ	ピザ
からあげ	ハンバーガー	ラーメン
カレーライス	すし	スパゲティー

しょーとけーき ショートケーキ	もんぶらん モンブラン	まふぃん マフィン
あいすくりーむ アイスクリーム	せんべい	だんご
ちょこれーと チョコレート	あめ	ぷりん プリン
じゅーす ジュース	そーだ ソーダ	むぎちゃ

★おうちの方へ★

好きな食べ物、きのう食べた物については、お子さんに自由に話させてもいいですし、もし視覚的な補助があったほうが話しやすい場合は、写真を見ながら、話させるようにしてください。苦手な食べ物とその理由や、おうちの方が子どもの時に好きだった食べ物などに話を広げるのもいいでしょう。

1　☆　したの　たべものを　しって　いますか。
　　　　くちに　いれると、どんな　かんじですか。

あまい　　からい　　あつい　　つめたい

すっぱい　　しょっぱい　　にがい　　しぶい

2　☆　したの　たべものは　なんですか。
　　　　どんな　たべものですか。

しょっぱい　　かたい　　　あまい　　やわらかい

3　☆☆　いろいろな　ものを　たべて　みましょう。
　　　　どんな　あじが　するか　はなしましょう。

★おうちの方へ★
塩、砂糖、レモン（または酢）、コーヒー、とうがらし（またはわさび、マスタード）などが
あれば、実際に少しだけなめながら練習すると、覚えやすくなります。お醤油などで、
「濃い」「薄い」なども試してみましょう。なお、英語の"hot"の影響で、「熱い」と「辛い」
を混同してしまうお子さんが多いので、気をつけてください。

ことば　いくつ　ある？

1 ☺ それぞれ　いくつ　ありますか。
どれを　いくつ　たべたいですか。

1 **2** **3** **4** **5**

ひとつ　ふたつ　みっつ　よっつ　いつつ

2 ☺☺ したの　しゃしんを　みて　こたえましょう。
それぞれ　いくつ　ありますか。

3 ☺☺☺ どんな　あじだと　おもいますか。
かたいでしょうか。やわらかいでしょうか。

1)

すこーん
スコーン

iStock.com/Rungjarat

2)

ぶりがでいろ
ブリガデイロ

iStock.com/DadoPhotos

3)

にくまん

4)

ちぇっとぶらー
チェットブラー

iStock.com/arfo

5)

はんばーがー
ハンバーガー

★おうちの方へ★
助数詞のうち、よく使う「～つ」の学習をします。すでに「だい１ぽ」で「いっぽんで
もニンジン」の歌の助数詞を扱ってはいますが、家にある物も使って練習しながら、繰り
返し、焦らず取り組んでください。なお、写真のブリガデイロはブラジルのトリュフチョコ
レートのようなものです。チェットブラーは肉団子の数を数えてください。

まちがいさがし

ちがう　ところが　5つ　あります。○を　つけましょう。

こたえは p.176

★おうちの方へ★
ゲーム感覚で間違い探しを楽しみながら、日本語で文を作り、表現することが目的です。
ただ単に印をつけたり、「ここ！」「これが違う」と言わせるだけではなく、おうちの方が
少し工夫して、「え？どこ？」「色が違うの？」「どんなふうに違う？」などと質問して、発話
を促してあげてください。

せかいの　ごはん

せかいの　いろいろな　ごはんだよ！　しってる　ごはんは　どれかな？

アメリカ
ハンバーガー
ポテト

イタリア
パスタ
ロブスター

ベトナム
なまはるまき
バインセオ
マンゴーサラダ

かんこく
チヂミ
れいめん

メキシコ
タコ・ボート
エンチラーダ

スペイン
パエリア

タイ
グリーンカレー
パッタイ

にほん
おすし
のりまき
あげだしもち

★おうちの方へ★
世界の食べ物に関心を持つことが目的です。日本や在住国にはどんな料理があるか話してみましょう。お手伝いや食育も兼ねて、いっしょにその料理を作ってみてもいいですね。日本の料理と組み合わせて、オリジナル料理に挑戦してみてもよいでしょう。また、スパイスや調味料の香りをかがせてみたり、味見をさせたりするのも楽しいです。

やさい・くだもの

おはなし

1 なんと いう なまえの やさい、くだものですか。

2 なにいろですか。どんな かたちですか。

3 どれが すきですか。

<small>と ま と</small> トマト	きゅうり	<small>れ た す</small> レタス
にんじん	なす	たまねぎ
じゃがいも	<small>ぶ ろっ こ り ー</small> ブロッコリー	<small>きゃ べ つ</small> キャベツ

りんご

バナナ
（ばなな）

いちご

すいか

みかん

キウイ
（きうい）

オレンジ
（おれんじ）

ぶどう

メロン
（めろん）

ブルーベリー
（ぶるーべりー）

マンゴー
（まんごー）

もも

★おうちの方へ★
野菜・果物の名前、色や形を表すことばを知ることが目的です。実際に野菜や果物を触ったり、皮をむいたり、食べたりしながら勉強することもできます。写真のほかの野菜・果物（特に、家庭でよく食べるもの）もあれば、いっしょに学びましょう。すぐにことばが出ない時は「赤いかな、緑かな」など、二択にしてあげると、答えやすくなります。

1 ☆　したの　えを　みながら　いっしょに　よみましょう。

おおきい　ちいさい　　ながい　みじかい　　ふとい　ほそい

2 ☆☆　それぞれ　みぎと　ひだりを　くらべましょう。

1）みぎの　みかんは　おおきいですか。
　　ちいさいですか。

2）みぎの　きゅうりは　ながいですか。
　　みじかいですか。

3）ひだりの　なすは　ふといですか。
　　ほそいですか。

3 ☆☆　どんな　かたちですか。
　　　　したの　しゃしんを　みて　はなしましょう。

1）　　　　　　　　　2）　　　　　　　　　3）

★おうちの方へ
形を形容することばを学ぶことが目的です。野菜や果物を用意して、実際に手で触りながら、形について話しましょう。発展練習として「大きいすいかって、どのくらい大きいと思う？」「みかんはどんな形かな？」「太いバナナと細いバナナ、どっちを食べてみたい？」など、設問や写真に関連させて、質問することもできます。

1 ☆ それぞれ　さわって　みると、どんな　かんじが　しますか。

つるつる	ざらざら	でこぼこ

だい
6
ぽ

2 ☆☆ つるつるの　ものは　どれですか。

3 ☆☆ 「やさいボックス」に　てを　いれて、
なにが　はいって　いるかを　あてて　ください。

☆☆☆ どんな　やさいですか。さわりながら
せつめいして　みましょう。

はこの　なかに、
やさいや　くだものを
いれて、「やさいボックス」を
つくってね！

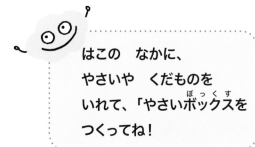

★おうちの方へ★
箱の中に入れるものを工夫すると、問題の難易度を変えられます。簡単にするなら、「おはなし」のページで勉強した野菜・果物を入れましょう。難しくするなら、小豆などの豆、米もおすすめです。包装してあるアイスなどの冷たい物や、こんにゃくなどのぬるっとした感触の物を入れても盛り上がります。

フルーツバスケット
（ふるーつばすけっと）

フルーツバスケットを　して　あそびましょう。

よういするもの　いす

さんかにんずうより　ひとつ　すくない　かずの　いすを、
まるく　ならべます。

やりかた

① りんご、バナナ、ぶどうなど、フルーツの　なまえで　チームに　わけます。

② おにを　ひとり　きめます。

③ おには、えんの　まんなかに　たちます。ほかの　ひとは　いすに　すわります。

④ おには、フルーツの　なまえを　ひとつ　いいます。たとえば、「りんご！」と
いったら、りんごチームの　ひとは　たちあがって、あいて　いる　せきに
すわります。

⑤ いすに　すわれなかった　ひとが　つぎの　おにに　なります。

⑥ ④と　⑤を　くりかえして　あそびます。

★おうちの方へ

ゲームの中でことばを繰り返し使い、定着させることを目的としています。果物を描いた
画用紙などをテープなどで服に貼り、見えるようにしておくと、分かりやすくなります。
また、鬼が果物の代わりに「赤い果物」「丸い果物」などと言うと、形容詞の練習にもなりま
す。いすを移動する時、前の人を押さないようにするなど安全にも配慮しましょう。

やさいを　きると…

いろいろな　やさいを　きって　みたよ！
なんの　やさいか　わかるかな？

にんじん

ズッキーニ

じゃがいも

マッシュルーム

なす

たまねぎ

ピーマン

トマト

★おうちの方へ★

野菜・果物について、より興味を持ち、考えるための活動です。写真を見ながら、「外と中の色が違うのは、どの野菜かな」「玉ねぎの中は、どんな形かな？」「ピーマンの中にある、この茶色いものは何だろう」など質問したり、お子さんの質問に答えてあげたりしてください。実際に目の前で野菜を切ってみせて、触らせてあげるのもいいでしょう。

だい **7** ほ
だいななほ

おこのみやき

できたね！

シール

おはなし

1 おこのみやきを
たべた ことが ありますか。

2 どんな かたちですか。
なにが はいって いますか。

3 ほかに なにを いれたい
ですか。□に かきましょう。

ざいりょう：きじ

たまご

みず

500
400
300
200
100

こむぎこ

キャベツ
きゃべつ

ざいりょう：ぐ

いか

えび

ぶたにく

？

すきな ものを
いれるんだよ

★おうちの方へ★
ここでは、お子さんといっしょに料理をしながら、材料の名前や、料理に関する動詞を学
びます。「お好み焼き」は、子ども達に人気もあり、材料も身近でなじみのある食材が多
く、作る工程には「切る」「混ぜる」「焼く」などいろいろな動詞が出てきますので、よい教材
と言えます。まずは、「お好み焼き」について知っていることを自由に話しましょう。

1 ☆ おこのみやきの　つくりかたです。
じゅんばんに　よみましょう。

① きる

② いれる
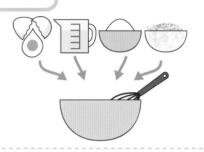

③ まぜる

④ やく

だい
7
ほ

2 ☆ せんせいが　うえの　うごきの　どれかを　します。
まねして　おなじ　うごきを　して　ください。

3 ☆☆ せんせいの　うごきを　みて　どの　うごきか
いって　ください。

4 ☆ したの　しゃしんを　みながら　はなしましょう。
どちらが　うすいですか。どちらが　あついですか。

うすい　　あつい　　うすい　　あつい

おこのみやき　　パンケーキ

★おうちの方へ★
ことばと動きを関連づけて勉強します。②の動きをするときは、大きく分かりやすく動き
ましょう。「トントン」「ジュージュー」など、擬音語(オノマトペ)を入れながら動いても
いいですね。③の発展練習として、お子さんが動いて、おうちの方(あるいはクラスメイトや
先生)がことばを当てるクイズをしても盛り上がります。

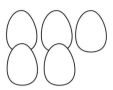

🚩 **ことば**　　**いくつ？**

1 たまごは　いくつ　ありますか。

1	**2**	**3**	**4**	**5**
ひとつ	ふたつ	みっつ	よっつ	いつつ

6	**7**	**8**	**9**	**10**
むっつ	ななつ	やっつ	ここのつ	とお

2 ☆ ☆ キャベツは　いくつ　ありますか。

1)
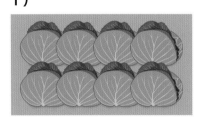

2)

3)
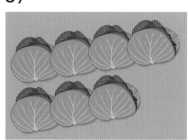

3 ☆ ☆ ☆ おうちに　ある　いろいろな　ものを　かぞえて
みましょう。

★おうちの方へ★
「ひとつ」から「いつつ」までは、「だい5ほ」の復習です。①は、お子さんの様子を見
ながら「いくつある？」と質問して、自分で言わせてもいいですし、難しければ復唱させ
るところから始めてください。「ひとつ」とおうちの方が言い、「ふたつ」とお子さんが言うと
いうように、交互に言う練習をすることもできます。慣れてきたらスピードをあげましょう。

おこのみやきを　つくろう!

① つくる　まえに　しっかり　てを　あらいます。

● せっけんで　てを　あらいましょう

①
てを　ぬらして　せっけんを
あわだてます。

②
てのひらと　ゆびの　あいだを
あらいます。

③
ゆびさきと　つめも　あらいます。

④
てのこうと　てくびも　あらいます。

⑤
みずで　よく　ながします。

⑥
きれいな　タオルで　ふきます。

だい
7
ほ

② おこのみやきを　つくりましょう!

ざいりょう（ふたりぶん）

こむぎこ：100 グラム
たまご：1 こ
みず：120 ミリリットル

キャベツ：200 グラム
ぶたにく：100 グラム
いか：てきりょう
えび：てきりょう
てんかす：てきりょう

おこのみやきソース：てきりょう
マヨネーズ：てきりょう
あおのり：てきりょう
かつおぶし：てきりょう

つくりかた

① キャベツを　きります。

② ボールに　ざいりょうを
いれて　まぜます。

③ フライパンで　やきます。

④ ソースや　あおのり、かつおぶしを
かけて　できあがり。

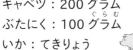

★おうちの方へ★
年齢が違う子ども達がいっしょに集まって作るようにする（教室なら異年齢の児童を混合
したグループに分ける、ご家庭なら知人の子どもも集めてお好み焼きの会をするなど）と、
教え合い、学び合いが、より効果的に生まれます。「いいにおいだね」など、会話も楽しみな
がら作ってみてください。

みてみよう！

せかいの　パンケーキ

みんなの　くにの　パンケーキは　どんなのかな？

アメリカ
ぱんけーき
パンケーキ

フランス
くれーぷ
クレープ
がれっと
ガレット

iStock.com/Pronina_Marina

オランダ
ぽふぇるちぇ
ポフェルチェ

iStock.com/vertmedia

かんこく
ちぢみ
チヂミ

モロッコ
むすんめん
ムスンメン

iStock.com/PicturePartners

オーストリア
かいざー
カイザー
しゅまーれん
シュマーレン

iStock.com/A_Lein

にほん
ほっとけーき
ホットケーキ

ロシア
ぶりぬい
ブリヌイ

iStock.com/Sacura14

★おうちの方へ★

お好み焼きを英語にすると、"Japanese pancake" と訳すことが多いです。世界にはいろいろなパンケーキがあり、日本のお好み焼きにも地域ごとにさまざまなものがあることなども、ぜひお子さんに話してあげてください。インターネットなどでレシピを見つけて、ご家庭でいっしょに作って食べてみるのもいいですね。

おいわいごと

歌川広重「名所江戸百景　水道橋駿河台」国立国会図書館所蔵

だい **8** ぽ

だいはっぽ

たんじょうび

できたね！

シール

おはなし

1 たんじょうびは　いつですか。

2 たんじょうびに　なにを　もらいましたか。

ぬいぐるみ	つみき	みにかー ミニカー
さんりんしゃ	ぶろっく ブロック	じてんしゃ
ぐろーぶ グローブ さっかーぼーる サッカーボール	えほん	ようふく

★おうちの方へ★
①で誕生日の日付を言えない時は、カレンダーを見ながら指を指したり、月を言うだけでも大丈夫です。あくまで誕生日の話をするための導入です。②は絵を見ながら話してもいいですし、今までもらったプレゼントの中で、お気に入りのプレゼントについて自由に話してもよいでしょう。

ことば　　あげる

1 ☆ おうちの　ひとの　たんじょうびに　なにを　あげましたか。

> あげました

2 ☆ たんじょうびに　おじいちゃん、おばあちゃんに
なにを　もらいましたか。

> もらいました

3 ☆ たんじょうびに　ともだちは　なにを　くれましたか。

> くれました

4 ☆☆ おひさまくんは　なにを　あげて　いると　おもいますか。
えを　かきましょう。

> ありがとう!

> どうぞ

★おうちの方へ★
「あげる」「もらう」「くれる」の表現の違いを理解するよりも、プレゼントのやりとりに
ついて楽しく話すことが目的です。もし誕生日会の写真等があれば、それを見ながら話し
てみましょう。上記にあるようなプレゼントのやりとりをしたことがないお子さんの場合は、
おうちの方が子どもの時にもらった贈り物の話などをするのもいいですね。

1 ☆　あなたは　なんさいですか。

2 ☆☆　つぎの　たんじょうびに　なんさいに　なりますか。

3 ☆☆　あなたの　きょうだい、ともだちは　なんさいですか。

0 ぜろさい

1 いっさい

2 にさい

3 さんさい

4 よんさい

5 ごさい

6 ろくさい

7 ななさい

8 はっさい

9 きゅうさい

10 じゅっさい

4 ☆☆　したの　えは　なんさいの　たんじょうびの　ケーキですか。

★おうちの方へ★
まず、青い枠の「ぜろさい」から「じゅっさい」までをいっしょに読んでみましょう。その後、①から④までの問題に挑戦してください。「0歳」を「れいさい」、「十歳」を「じっさい」と読むこともあります。特に小さな「っ」が入る「一歳」「八歳」「十歳」は発音に気を付けてあげてください。

ことば　　かぞえる

1 ☆☆ くるまは　なんだいですか。

1)

2)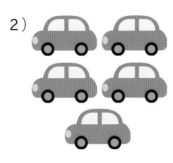

3)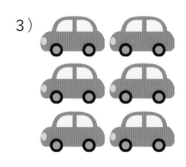

2 ☆☆ それぞれ　なんにん　いますか。ほんは　なんさつですか。

1)

2)

3)

3 ☆☆ それぞれ　いくつ　ありますか。

1)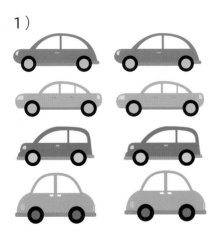

2)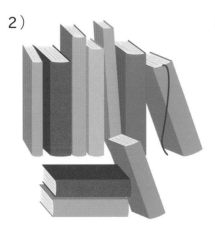

3)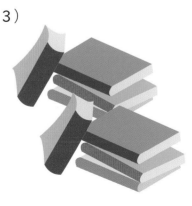

★おうちの方へ★
いろいろな助数詞に触れるのが目的です。「〜台」は、「〜匹」などと異なり、小さい「っ」が入らないので、助数詞の中では比較的簡単です。「〜冊」の音の変化は「〜歳」と同じです。特に小さい「っ」が入る「一冊」「八冊」「十冊」に注意してあげてください。実際に物を使って数える練習もたくさんしてください。

プレゼントしよう！

1 プレゼント（こうかん）を しましょう。

ようい する もの

プレゼント

なにを もらったか いって みてね！
「○○ちゃんに ○○を もらいました」

なにを あげたか おしえてね！
「ぼく／わたしは ○○ちゃんに ○○を あげました」

2 おりがみで はこを つくって、プレゼントを いれて
おうちの ひとに あげましょう。

つくりかた

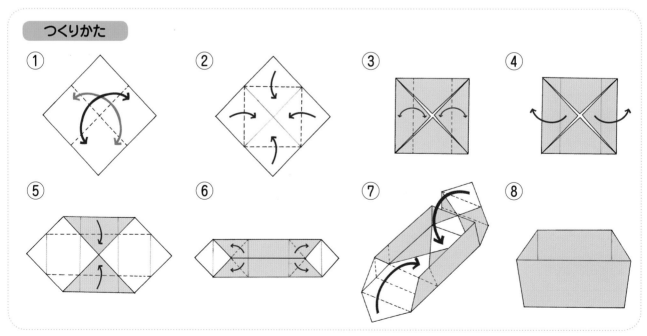

① ② ③ ④

⑤ ⑥ ⑦ ⑧

★おうちの方へ★
活動しながら、プレゼントや包装について話すことが目的です。①色や形については「だい3ぽ」で、柄については「だい15ほ」で勉強しますので、包装紙の色や柄を表すことばも意識して使いながら、プレゼントを用意しましょう。②折り紙だけでなく、包装紙や大きい紙を使って折ったり、重ね箱にするのも楽しいです。

せかいの　ことばで　「おめでとう」！

「おたんじょうび　おめでとう」は、せかいの
ことばで　どう　いうのかな。

おたんじょうび
おめでとう

にほん

はっぴー
ハッピー
ばーすでい
バースデイ

あめりか
アメリカ

しょんりー
ションリー
くぁいら
クァイラ

ちゅうごく

じゃなむ
ジャナム

いんど
インド

へふぇり
ヘフェリ
してーと
シテート

おらんだ
オランダ

ぼなにべる
ボナニベル
せーる
セール

ふらんす
フランス

★おうちの方へ★
さまざまな言語に興味を持つことが目的です。上記以外の言語でも、お子さんが使える言語があれば、ぜひ言わせてみてください。お子さんに「発音の先生」になって教えてもらうのも、お子さんの自信につながるのでおすすめです。いろいろな言語の「お誕生日おめでとう」をインターネット等で調べて、いっしょに真似して言ってみましょう。

おしょうがつ

おはなし

1 にほんの　おおみそか、おしょうがつに　なにを　たべますか。

2 にほんの　おおみそか、おしょうがつに　なにを　しますか。

としこしそば

おぞうに

おせちりょうり

もち

じょやのかね

はつもうで

かがみもち

おとしだま

ねんがじょう

ししまい

たこあげ

はごいた

★おうちの方へ★
　大晦日やお正月の過ごし方は国によって違いますので、日本の場合について学びます。旧暦で祝う国もありますので、日本における大晦日、お正月がいつになるかも確認してください。年賀状（またはクリスマスカードなど）を書いてみて、誰かに出すのもよいでしょう。ひらがなを書くのが難しい場合は、なぞり書きにするなどの工夫をしましょう。

ことば　じゅうにし

1 ☆ じゅうにしには　どんな　どうぶつが　いますか。
せんせいと　いっしょに　よみましょう。

2 ☆☆ あなたは　なにどし　ですか。

ね	うし	とら	う
ねずみ	うし	とら	うさぎ

たつ	み	うま	ひつじ
たつ / りゅう	へび	うま	ひつじ

さる	とり	いぬ	い
さる	とり	いぬ	いのしし

★おうちの方へ★
十二支は中国から日本に伝わったといわれるもので、日本では年齢を説明する時や、年賀
状のイラストなどに使われます。西洋ではあまりなじみがないかもしれませんが、これを
機会に、12の動物と、「ね、うし、とら、う、たつ……」といった十二支の数え方を勉強して
みましょう。

1 ⭐ どんな　うごきですか。

あるく	はしる	すわる
はねる	ほえる	なく

2 ⭐⭐ したの　どうぶつは　どんな　うごきを　して　いますか。

1)　　　　　　　2)　　　　　　　3)

3 ⭐⭐⭐ うえの　うごきを　する　どうぶつには　どんな
ものが　いますか。ぶんで　いいましょう。

れい　いのししは　はしります。

★おうちの方へ
間違えやすい動詞について勉強します。実際にイラストにある動物の真似をして、体を動
かしながら言ってみるのも効果的です。②の答えは一つではないので、自由に話させてく
ださい。③の動物は、十二支以外でもかまいません。特に海外在住の場合、上記の動詞は比較
的覚えにくいものばかりなので、じっくり丁寧に焦らず教えてください。

ことば　なんびき？

1 ☆　なにが　なんびき　いますか。

2 ☆ ☆　じゅうにしでは　ない　いきものは　どれですか。

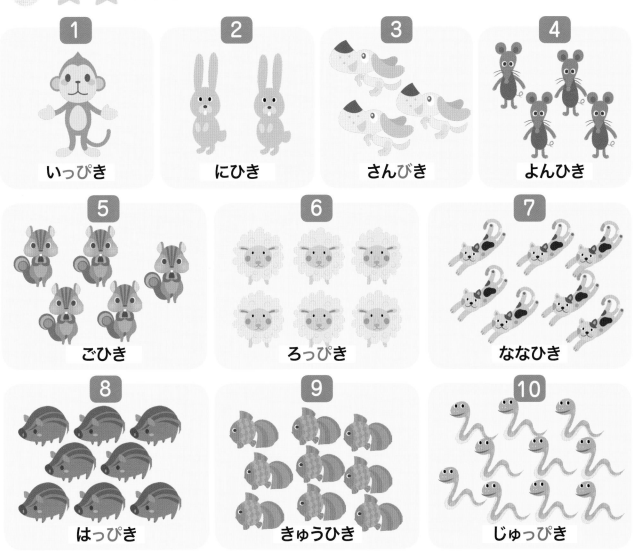

1 いっぴき

2 にひき

3 さんびき

4 よんひき

5 ごひき

6 ろっぴき

7 ななひき

8 はっぴき

9 きゅうひき

10 じゅっぴき

3 ☆ ☆　なんびき　いますか。

1)　　2)　　3)　　4)

★おうちの方へ★
十二支の復習と、助数詞「〜匹」の数え方を覚えるのが目的です。猿、犬、羊、猪は「〜頭」で数えることもあり、兎は「〜羽」という数え方もありますが、ここではまず「〜匹」を覚えましょう。小さい「っ」があったり、「ぴ／び」の音になったりしますので、慣れるのに時間がかかるかもしれませんが、繰り返し焦らず教えてください。

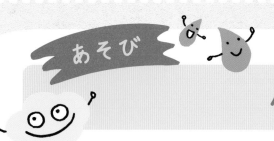

ふくわらい

ふくわらいは
おしょうがつの
あそびだよ！

ふくわらいで　あそびましょう。

よういするもの

ふくわらい、タオル（めかくしよう）

※「ふくわらい」は巻末に付いています。

あそびかた

① かおの　かみを　ひろげます。

② だれかが　その　まえに　タオルなどで　めかくしを　して　すわります。

③ めかくしを　したまま　め、はな、くち、ほっぺ、まゆげを　かおの　うえに　ならべます。

④ まわりに　いる　ひとは、「もっと　うえ！」「もっと　した！」「もっと　ひだり」などと、
　　ならべて　いる　ひとに　いいます。

⑤ できあがった　かおを　みて　みましょう。おおわらい！

め、はな、くち、ほっぺ、まゆげは
どこに　おけば　いいかな？

★おうちの方へ

お正月の遊びの文化に触れながら、顔の部分を表すことばも勉強することが目的です。福
笑いのパーツを使って、目、鼻、口……などを確認してから、遊び始めましょう。できあ
がった顔を見て、大笑いしながら、何がどうおかしいのか、たとえば「鼻の場所が変」「目は
もっと右だよね」など、ぜひ会話もするようにしてください。

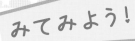

みてみよう！

せかいの　おおみそか・おしょうがつ

だい
9
ほ

いちねんの　おわりや　はじめには
みんな　どんなことを　するのかな？

おおみそか

にほん

おそば、おぞうにを　たべます。

おおみそか

アメリカ

「ほたるのひかり」を
うたいます。

おおみそか

オランダ

オリボーレンを　たべます。

iStock.com/Sannie32

おしょうがつ

ちゅうごく

おしょうがつは　1がつの
おわりか　2がつです。
はるまきを　たべます。

おしょうがつ

フランス

1がつ6かに
ガレット・デ・ロワを　たべます。
なかに　にんぎょうが
はいった　おかしです。

bonchan/Shutterstock.com

おしょうがつ

インド

おしょうがつは　10がつの
おわりか　11がつです。
ミターイと　いう　おかしを
たべます。

★おうちの方へ★

大晦日・新年の過ごし方は、同じ国であっても地域差があります。「ほたるのひかり」は大晦日からお正月にかけて歌います。中国の旧正月やインドのお正月（ディワリ）は太陰暦に基づき、毎年時期が異なります。オリボーレンは揚げ菓子です。ガレット・デ・ロワ（王様のケーキ）には陶器の人形が入っていて、当たった人は王様・王妃様になれます。

いろいろなぎょうじ

おはなし

1 しって いる ぎょうじは ありますか。

2 どんな ぎょうじか はなしましょう。

1がつ（いち）

おしょうがつ

2がつ（に）

せつぶん

3がつ（さん）

ひなまつり

4がつ（し）

おはなみ

にゅうがくしき

5がつ（ご）

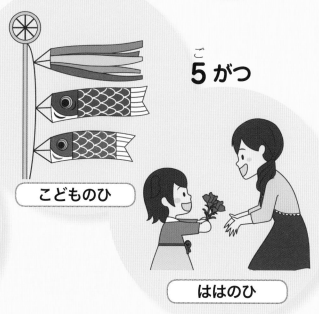

こどものひ

ははのひ

♪うたってみよう
「うれしいひなまつり」
「こいのぼり」
「赤鼻のトナカイ」

ろく
6がつ

ちちのひ

しち
7がつ

たなばた

はち
8がつ

はなびたいかい

おつきみ

く
9がつ

けいろうのひ

じゅう
10がつ

ハロウィン
はろうぃん

じゅういち
11がつ

しちごさん

じゅうに
12がつ

クリスマス
くりすます

★おうちの方へ★
ここでは日本の代表的な行事を、月ごとに紹介しています。知っている行事や、思い出に残っている行事について、お子さんといっしょに話してみましょう。日本でも住む場所によっては、正月を祝う時期や、桜の咲く時期などが異なります。海外の行事との違いを話しても楽しいでしょう。

1 ☆　おなじ　ぎょうじの　ものを　せんで　つなぎましょう。

2 ☆ ☆　ぎょうじの　なまえを　いいましょう。

  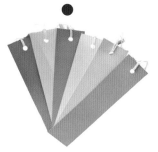 

3 ☆ ☆ ☆　あみだくじを　しましょう。なにが　あたりましたか。
いいましょう。なんの　ぎょうじで　つかいますか。

★おうちの方へ★
特に海外在住の場合、無理にすべての語彙を覚え込もうとするよりも、日本の行事に登場
するいろいろなものに慣れ親しむことを目標としてください。実際に、毎年行事を体験す
ることで、自然に文化も学ぶことができますので、ご家庭や学校でいっしょに年中行事をお祝
いするといいでしょう。

まちがいさがし

1 なんと いう ぎょうじの えですか。

2 ちがう ところが 5つ あります。○を つけましょう。

だい
10
ぽ

こたえは p.176

★おうちの方へ★
間違い探しをしながら、勉強したことばや表現を使うことが目的です。「ここが違う」だけではなく、できるだけ具体的に「男の子の靴下の色が違う」と言うように促しましょう。「三人官女」などの具体的なことばは、お子さんの様子を見て、難しそうなら「雛人形」「女の子の人形」だけでもかまいません。楽しく話すことを優先してください。

にほんの　おまつり

にほんの　おまつりでは、どんな　ものが　かえるかな。
みた　ことが　ある　もの、たべた　ことが　ある　ものは　どれかな。

ヨーヨーつり

たこやき

チョコバナナ

スーパーボールすくい

かきごおり

わたがし

★おうちの方へ★
日本のお祭りの屋台を見たことがあれば、まず、その時の経験について話しましょう。もし見たことがなければ、写真についてどんな食べ物だと思うか、どれが食べてみたいか、どれがおもしろそうかなど質問してください。おうちの方が子どもの頃のお祭りの経験について、聞かせてあげるのもいいですね。ほかの国のお祭りと比較しても楽しいです。

5

いきもの

クロード・モネ「ひなげし」オルセー美術館所蔵

どうぶつ

おはなし

1 すきな どうぶつは どれですか。

2 かって みたい どうぶつは どれですか。

いぬ	ねこ	うさぎ
ハムスター	ねずみ	かめ
はと	やぎ	ひつじ

うま	ライオン <small>らいおん</small>	キリン <small>きりん</small>
ぞう	しまうま	くま
パンダ <small>ぱんだ</small>	あざらし	いるか
ゴリラ <small>ごりら</small>	コアラ <small>こあら</small>	はくちょう

★おうちの方へ★

ここでは、動物園で見られるものや、ペットとして飼われることが多い動物を挙げています。どうしてその動物が好きなのか、どうして飼ってみたいのか、その理由も聞いてみましょう。また、これらの写真以外にも知っている動物がいれば、どんな動物なのか（陸にいるのか、水の中にいるのか、空を飛ぶのかなど）具体的に話すのもよいでしょう。

1 ☆　なんの　どうぶつですか。

みみが　ながい

あたまが　いい

からだが　ちいさい

2 ☆☆　どの　どうぶつの　しっぽですか。
　　　したの　しゃしんと　えを　せんで　むすびましょう。

3 ☆☆☆　どんな　しっぽですか。はなしましょう。

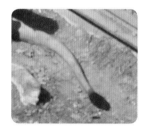

★おうちの方へ★
シルエットや写真の一部から、何の動物なのかを想像する問題です。お子さんといっしょに「これはうさぎだね。うさぎは耳が長いね」などと話しながら、自然と助詞（は、が）の使い方を意識させましょう。前ページの「おはなし」の動物の中から一つ選んで、その動物の特徴や、しっぽの形について問題を作り、クイズ形式で学ぶのも楽しいです。

ことば　なきごえ

1 ☆ せんせいが　どうぶつの　なきまねを　します。
どの　どうぶつの　こえですか。
どうぶつを　ゆびさしましょう。

2 ☆☆ いろいろな　どうぶつの　なきまねを　しましょう。

3 ☆☆☆ ほかの　くにの　ことばで　なきまねを　しましょう。

★おうちの方へ★
動物の鳴き声を表す表現は言語によって異なります。ここで取り上げた鳴き声は主に日本語の表現ですが、鳴き声の表現に正解はありません。たとえば、にわとりの鳴き声は、日本では「コケコッコー」、アメリカでは「クックドゥードゥルドゥー」、イタリアでは「ココリコ」などと言われています。親子で一緒に調べてみるのもおもしろいでしょう。

てあそび

「グーチョキパーでなにつくろう」を うたって あそびましょう。

かたつむり、かにさん、ヘリコプター、
ちょうちょなど いろいろ つくって みましょう!

グーチョキパーでなにつくろう

作詞：斎藤二三子
作曲：フランス民謡

★おうちの方へ
上の例以外にも、たとえば、グーとチョキで「アイスクリーム」、グーとグーで「おだんご」など、想像力を働かせ、いっしょにいろいろ作って楽しんでください。いくつ考えられるか競争してみるのもいいですね。その場合、「ひとつ、ふたつ……」と数を数える復習もできます。

みてみよう！

かたつむり

かたつむりを　みたことが　あるかな。
どんな　いきもの　かな。

めは　どこに　あるの？

おおきい　つのの
うえに　あるよ。

くちは　どこに　あるの？

ちいさい　つのの
したに　あるよ。

なにを　たべるの？

どこに　いるの？

キャベツ、レタス、
にんじん、きゅうりなど、
やさいが　すきだよ。
たまごの　からも
たべるよ。

こうえんや　がっこうの
きや　へいの　うえ
などに
いるよ。

からを　とじた　かたつむりは
しんでるの？

かわいて　しまわないように、ねて　いるの
かも　しれないから、そっと　して　おいてね。

★おうちの方へ★
かたつむりを通して、生き物の不思議に興味を持つことが目的です。かたつむりの角
は、頭の上のほうに大きい角（大触角）が２本、下のほうに小さい角（小触角）が２本あ
ります。味やにおいは小触角で感じ、口は小触角の根元にあります。殻を作るためにカルシウ
ムが必要なので、卵の殻なども食べます。かたつむりを触った後は、よく手を洗いましょう。

きょうりゅう

できたね!

シール

おはなし

1 しって いる きょうりゅうは いますか。

2 どんな きょうりゅうですか。

てぃらのさうるす
ティラノサウルス
Warpaint/Shutterstock.com

とりけらとぷす
トリケラトプス
Dotted Yeti/Shutterstock.com

すてござうるす
ステゴザウルス
Herschel Hoffmeyer/Shutterstock.com

ぱきけふぁろさうるす
パキケファロサウルス
Herschel Hoffmeyer/Shutterstock.com

ぶらきおさうるす
ブラキオサウルス
Herschel Hoffmeyer/Shutterstock.com

ぷてらのどん
プテラノドン
Valentyna Chukhlyebova/Shutterstock.com

みくろらぷとる
ミクロラプトル
Catmando/Shutterstock.com

ゆたらぷとる
ユタラプトル
Ralf Juergen Kraft/Shutterstock.com

でぃろふぉさうるす
ディロフォサウルス
Suwat wongkham/Shutterstock.com

★おうちの方へ★

恐竜は、今から2億4700万年前から6600万年前に生きていたと言われています。今では映画やテレビ、アニメなどでも採り上げられていますので、恐竜が好きなお子さんも多いでしょう。イラストを見ながら、どんな生き物だったと思うか、触るとどんな感じだったと思うかなど、自由に話して想像してみましょう。

1 ☆ そらを　とぶ　きょうりゅうは　どれですか。
　　○を　つけましょう。

_{ぷ て ら の ど ん}
プテラノドン

_{ぶ ら き お さ う る す}
ブラキオサウルス

_{み く ろ ら ぷ と る}
ミクロラプトル

_{て ぃ ら の さ う る す}
ティラノサウルス

2 ☆ ☆ きょうりゅうに　ついて　こたえましょう。

1
なんぼんの　あしで
あるいて　いますか。

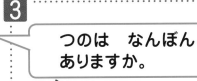
_{ぱ き け ふ ぁ ろ さ う る す}
パキケファロサウルス

2
しっぽは　なんぼん
ありますか。

_{す て ご ざ う る す}
ステゴザウルス

3
つのは　なんぼん
ありますか。

_{と り け ら と ぷ す}
トリケラトプス

4
なにを　たべると
おもいますか。

_{て ぃ ら の さ う る す}
ティラノサウルス

こたえ：①2ほん　②1ぽん　③3ぼん　④にく

★おうちの方へ★
恐竜について話しながら、生き物の体の特徴を表現する言葉を学ぶことが目的です。①は
丸をつけた後、理由も説明させてください（「羽があるから」など）。②は、それぞれの足
やしっぽ、歯などについて、絵を見ながら「どんな形のしっぽかな？」「パキケファロサウル
スとトリケラトプスの足は、どう違うかな？」など話を広げましょう。

1 ☆ ☆ したの　えを　みて　こたえましょう。

1）きょうりゅうと　ぞうと　どちらが　おおきいですか。
2）いちばん　おおきいのは　どれですか。
3）いちばん　ちいさいのは　どれですか。

Herschel Hoffmeyer/Shutterstock.com

2 ☆ ☆ どちらが　おもいですか。どちらが　かるいですか。

かめ　　　　　きょうりゅう(トリケラトプス)

Dotted Yeti/Shutterstock.com

★おうちの方へ
イラストを見ながら、比較の表現を勉強します。イラストから離れて、家族やクラスメイトと背比べをしたり、実際にはかりを使って重さ比べをしても練習になります。なお、諸説ありますが、一番大きく、かつ一番重い恐竜はアルゼンチノサウルスで、体長 30 メートル以上、重さは 100 トンと言われています。

ことば　もしも・・・

1 ☆ ☆ 　もしも　きょうりゅうが　あなたの　まちに　やって
きたら　どうしますか。
たのしい　こと、こまる　ことを　はなして　ください。

だい
12
ほ

3 ☆ ☆ ☆ 　もし　きょうりゅうを　かえたら　どうしますか。

> どの　きょうりゅうを
> かいたい　ですか。

> どこで　かいたい　ですか。

> なにを　して　あそびたい
> ですか。

> どんな　えさを　あげますか。

★おうちの方へ★
自分が想像したり考えたりしたことを、分かりやすく伝えるための練習です。もし可能なら、導入として「恐竜が街にやってきた」の歌の動画をいっしょに見ましょう。最初は「困る。大きい」など単語レベルでもかまいません。「大きいと、どうして困るの?」「たとえば?」など、興味を持って質問して、話を引き出してあげてください。

じぶんだけの　きょうりゅう

どんな　いろの　きょうりゅうだと　おもいますか。
いろを　ぬりましょう。

れい

なまえ:ファイヤーサウルス

じぶんだけの きょうりゅうの
えを かきましょう。
なまえも かんがえましょう。

きょうりゅうの
なまえ: ＿＿＿＿＿＿＿＿＿＿＿＿＿＿＿＿＿＿＿＿＿＿

★おうちの方へ★
自分が想像し、描いた絵について、分かりやすく伝えるための練習です。まずは自由に、
好きなように絵を描かせてください。その間、おうちの人も別の紙に絵を描いて、いっ
しょに作業するのもおすすめです。その後、「どんな恐竜なの?」「何を食べるの?」「どれく
らいの大きさ?」など質問しながら、いろいろ話してください。

だい **13** ぽ

だい じゅうさんぽ

はな・き

できたね!

シール

おはなし

1 どんな はな、き、くさが すきですか。

2 それぞれ なにいろですか。

たんぽぽ	チューリップ (ちゅーりっぷ)	さくら
クローバー (くろーばー)	ひまわり	バラ (ばら)
ガーベラ (がーべら)	たけ	ヤシのき (やし)

★おうちの方へ

身近にある草花から、色や形の表現などを学びます。色は何色か、どんな形やにおいか、触るとどんな感じがするか、どこで見たことがあるかなど、いろいろ話を広げましょう。ひまわり、チューリップ、桜、たんぽぽは、日本ではどの季節に見られる花か話してもいいでしょう。おうちの方が好きな植物も、お子さんに教えてあげてください。

ことば | ぶぶんの なまえ

1 ☺ せんせいが よみます。そのあと いっしょに ゆびを
さしましょう。

2 ☺☺ なまえと えの なかの ただしい ぶぶんを せんで
つなぎましょう。

はな　**くき**　**はっぱ**

だい
13
ぼ

みき

えだ　**ね**　**つぼみ**　**め**

★おうちの方へ★
「せんせいがよみます」は、黄色い枠の中を読み上げてください。そして、イラストの中
のどこが該当するかを聞き、分からない場合は指をさして教えてください。可能であれ
ば、ぜひ本物の植物を使用しましょう。おうちの方、またはお子さん自身が描いた花や木の
絵、あるいは粘土細工などを使って、「ここが茎」などと練習しても覚えやすくなります。

1 ☆ したの　ことばを　よみましょう。

① たねを　まく

② みずを　やる

③ めが　でる

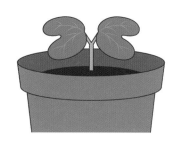

④ はなが　さく

2 ☆ うえの　ことばを　それぞれ　からだの　うごきで
あらわしましょう。

れい 「めが　でる」うごき

★おうちの方へ★
②は演劇の要素も採り入れた練習です。①の４つの動きができたら、発展練習として、種の状態から、芽が出て、成長し、花が咲くまでの過程を体を使って表現させてみてください。身体表現だけでもいいですし、「うーん！うーん！大きくなるぞ」「のどがかわいたよー」といったセリフを入れても楽しいです。

ことば　そだてる ②

3 ☆☆☆ どの　じゅんばんで　おおきく　なりますか。
ばんごうを　かきましょう。

だい
13
ぽ

ひまわり

( )

( )

( )

チューリップ
ちゅーりっぷ

( )

( )

( )

★おうちの方へ★
花が咲くまでの成長について知り、その様子を説明する練習をするのが目的です。どの順番で大きくなるか、番号を書いた後、どうしてその順番だと思ったのかも、説明させてください。成長にあたって必要なもの（水、太陽の光など）について教えてあげるのもいいでしょう。また、実際に花を育て、毎日観察し、成長について話し合うのもいいですね。

はりえと　ちぎりえ

はりえと　ちぎりえを　つくりましょう。

よういするもの

かみ（だいしよう）
いろがみ
のり
はさみ

つくりかた

はりえ

① だいしを　てきとうな　おおきさに
　きります。

② はさみで　いろがみを　さんかくや
　しかくに　きります。

③ おはなや　どうぶつなど　すきな　ものの
　かたちに　なるように　のりで
　はりつけます。

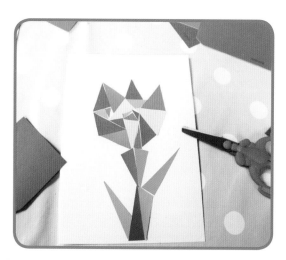

ちぎりえ

① だいしを　てきとうな　おおきさに
　きります。

② いろがみを　てで　いろいろな　かたちに
　ちぎります。

③ おはなや　どうぶつなど　すきな
　かたちに　なるように　のりで
　はりつけます。

★おうちの方へ★
自分で作った貼り絵の植物について話す練習です。はさみを扱うのが難しいお子さんの場合、おうちの方が切る作業をしてあげてもいいですし、ちぎり絵にすることもできます。完成した植物について、どこが茎でどこが葉なのか、いっしょに話しましょう。折り紙だけでなく、チラシや包装紙、紙のサンプルなどを使っても楽しいです。

みてみよう！

めずらしい　しょくぶつ

ふしぎな　はなや　くさが　あるね。さわって　みたいのは　どれかな？

ドラクラ・シミア
（どらくら　しみあ）

さるの　かおみたいな　はなです。

ウサギゴケ
（うさぎごけ）

うさぎに　にて　います。

ショウダイオオコンニャク
（しょうだいおおこんにゃく）

せかいで　いちばん
おおきい　はなです。

ハエトリグサ
（はえとりぐさ）

むしを　つかまえて　たべます。

ほかにも、
なにか　めずらしい
しょくぶつを
しってるかな。

★おうちの方へ★

「え？こんな植物があるの？」とお子さんといっしょにびっくりしながら、眺めてください。その植物について、自分のことばで描写をする（「この花は、さるじゃなくて、ライオンに似ている」「ハエトリ草は怖い」など）練習もおすすめです。リュウゼツランや、オジギソウなどを紹介するのもおもしろいです。

すきなことをかいてね！

すきなことをかいてね！

6

せいかつ

フィンセント・ファン・ゴッホ「アルルの寝室」ファン・ゴッホ美術館所蔵

だい **14** ほ

だい
じゅうよんほ

せいかつ

できたね!

シール

おはなし

1 あさ おきてから ねるまでに なにを しますか。

2 きょう あさ おきてから いままで なにを しましたか。

あさ

おきる

かおを あらう

きがえる

トイレ

あさごはん

はみがき

ひる

あそぶ

ひるごはん

おひるね

おかいもの

ゲーム

ほんを　よむ

よる

よるごはん

おてつだい

テレビ

シャワー

きがえる

ねる

★おうちの方へ★
　イラストを見ながら、日常生活に必要なことばを勉強します。話す時には、単語レベルではなく、文をきちんと完結できるように促しましょう（「歯磨き」ではなく「歯磨きをする」など）。余裕がありそうでしたら、「今日は7時に起きたね」など、時間の概念を導入してもいいでしょう。

1 ☆ ひだりの　ものは　それぞれ　どこに　ありますか。
せんで　むすびましょう。

フライパン

シャンプー

ぬいぐるみ

ソファー

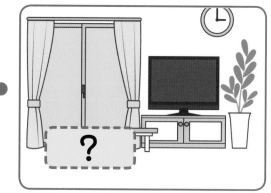

★おうちの方へ★
まず、右の4つのイラストについて、「ここはどこ？」「何をするところ？」などと質問しましょう。おうちで教える場合は、4つの場所を回って確認するのもいいですね。その後、問題に取り組んでみてください。発展練習として、左のイラストのほかにも、それぞれの場所には何があるのか聞くこともできます。

ことば　からだ

♪うたってみよう
「あたま、かた、ひざ、
ポン」

1 ☆ せんせいが からだの なまえを いいます。
じぶんの からだの どこですか。さわって ください。

あたま
め
はな
のど

みみ
は
くち
かた

2 ☆☆ どこが いたいですか。いいましょう。

1)　　　　2)　　　　3)　　　　4)

3 ☆☆☆ 1)から 4)は したの えの どれですか。
ゆびを さしましょう。

1)ねつが あります　2)せきが でます　3)はなみずが でます　4)くしゃみが でます

★おうちの方へ★
①では、まず上半身のことばを学びます。頭、目、口など、比較的簡単なものから始めて
ください。余裕がありそうなら、次のページのイラストも使いながら、全身の部位につい
て学びましょう。②は、発展練習として「頭がガンガンする」「お腹がチクチクする」といっ
た擬態語を使って、イラストを描写させることもできます。

あそび

からだおに

からだおにを　しましょう。

よういするもの

ぬいぐるみ、にんぎょう
※こどもの　にんずうぶんを　へやの
　あちこちに　ならべます。

やりかた

①おにを　ひとり　きめます。
②おには　「あたま」「め」など　からだの　ぶぶんの　なまえを　ひとつ　いい、
　10まで　かぞえます。
③10　かぞえたら、おには　ほかの　こを　おいかけます。
④ほかの　こは　おにに　つかまらないように　にげます。そして、へやに　おいて　ある
　おにが　いった　ぬいぐるみの　からだの　ぶぶんを　さわります。
⑤おには　ぬいぐるみの　からだの　ぶぶんを　さわって　いる　こは　つかまえる　ことが
　できません。からだの　ぶぶんに　さわって　いない　こを　つかまえます。
⑥つかまった　ひとが　つぎの　おにです。
⑦つかまえられない　ときは　べつの　からだの　ぶぶんを　いいます。ただし　ほかの　こは
　さっきと　おなじ　ぬいぐるみや　となりの　ぬいぐるみには　さわる　ことが　できません。

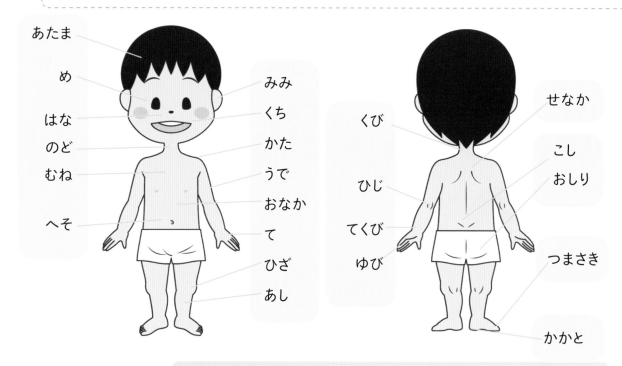

あたま
め
はな
のど
むね
へそ
みみ
くち
かた
うで
おなか
て
ひざ
あし

くび
ひじ
てくび
ゆび
せなか
こし
おしり
つまさき
かかと

★おうちの方へ
まず、体の部位の名前を勉強しましょう。「耳はどこですか。自分の耳を触ってみて」な
ど、お子さん自身の体を使うといいでしょう。ある程度ひらがなが読めるなら、体の部位
を書いた付箋を用意し、お互いの体の該当部分に貼る活動も可能です。行う場所によっては
「走るのはだめ。必ず歩くこと！」など安全面を考慮したルールも付け加えてください。

 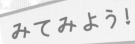

せかいの いえ

せかいには いろいろな いえが あるよ！
どの いえに すんで みたいかな？

 ベトナム：いかだの いえ

iStock.com/12ee12

モンゴル：テントのような いえ

ブルネイ：みずの うえの いえ

iStock.com/Sophie_James

パラオ：かべの ない いえ

iStock.com/atese

 チュニジア：あなの いえ

 アイスランド：しばの いえ

iStock.com/Smitt

★おうちの方へ★
世界のいろいろな家を見ながら、どんな場所なのか、どんな家なのか、素材は何でできているのか（木、石など）、暖かそうか、寒そうか、どの家に住んでみたいか……といった想像力を働かせながら、自由に話しましょう。発展練習として、自分が大人になったら暮らしてみたい「夢の家」の絵を描いて、それについて話させることもできますね。

だい **15** ほ

だい じゅうごほ

ふく

できたね!

シール

おはなし

1 したの ふくは それぞれ どんな ときに きますか。

2 すきな ふくは どれですか。

ドレス

サッカー
ユニフォーム

やきゅう
ユニフォーム

じゅうどうぎ

スキーウェア

バレエいしょう

ゆかた

きもの

ハロウィンかそう

★おうちの方へ★
いろいろなタイプの服について、自由に話してみましょう。それぞれの服がお家にあるかどうか、着たことがあるかなどを話してもいいですね。ご家庭の場合は、お気に入りの服を着て、おうちでファッションショーをするのもいいでしょう。日本語教室などの場合は、教室にその服を着てきてもらって、なぜお気に入りなのかを発表させてもいいですね。

92

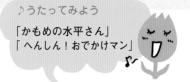

ことば　ふく

だい 15 ほ

1 ☆ よく　きるのは、どんな　ふくですか。どんな　いろですか。

2 ☆ どの　もようが　すきですか。

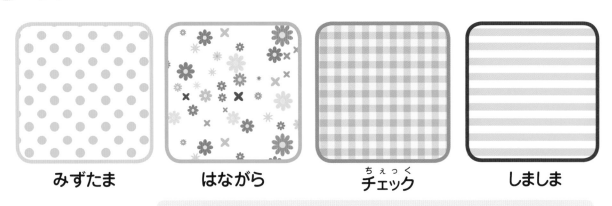

みずたま　　はながら　　チェック　　しましま

★おうちの方へ★
服という身近なテーマから、色や模様の表現を学びます。お子さんと話す時は、「緑の
セーター」「水玉のワンピース」など、具体的な色や模様の表現を入れながら話してみま
しょう。今自分が着ている服や、好きなキャラクターの服について描写したり、家族や友達に
どんな色・柄の服が好きか、インタビューしてみるのもおすすめです。

93

1　⭐　せんせいが　いった　うごきを　しましょう。

1) ぼうしを　かぶります。

2) くつしたを　はきます。

3) めがねを　かけます。

4) てぶくろを　します。

5) マフラーを　します。
   ま　ふ　ら　ー

6) くつを　はきます。

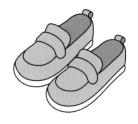

2　⭐⭐　せんで　むすびましょう。

1)　　　　2)　　　　3)　　　　4)　　　　5)

●　　　　●　　　　●　　　　●　　　　●

●　　　　●　　　　●　　　　●　　　　●

| きます | はきます | します | かけます | かぶります |

★おうちの方へ
「身につける」を意味する表現は、物により異なります。特にマルチリンガルのお子さんにとっては、難しいところです。帽子や眼鏡、靴下などを使って、実際に体を動かしながら勉強すると覚えやすくなります。また、もし余裕がありそうなら、「みにつける」ことばの反対語、たとえば「とる」「ぬぐ」「はずす」なども、実際の物を使って練習しましょう。

3 ☆☆　したの　えの　なかから　1)から　4)の　ひとを
　　さがしましょう。

1) この　ふくを　きて　バレエを　おどるよ。

2) この　ふくを　きて　ひを　けすよ。

3) この　ふくを　きて　うちゅうへ　いくよ。

4) この　ふくを　きて　おいしい　ケーキを　やくよ。

だい
15
ほ

★おうちの方へ★
職業と服装を関連させ、どのような人が着ているのかを考える問題です。「だい26ぽ」
の将来の話にも繋がりますね。どうしてその仕事に、その服が必要かを話し合うのもいい
でしょう。ほかにも「オレンジの帽子をかぶって、しましまのマフラーを巻いた男の子はど
こ？」などと聞いたり、子どもに問題を作らせて、おうちの方が探すこともできます。

きものを デザインしよう!

きものを デザインして みましょう。
すきな もようや いろを いれて ください。

きものは ふるくから つたわる
にほんの ふくだよ!
みた こと あるかな?
きた こと あるかな?

★おうちの方へ

右のページの「みてみよう」でいろいろな着物の柄に触れてからのほうが、デザインしやすくなるかもしれません。デザインは、上の図に色鉛筆やペンなどで色を塗ってもいいですし、千代紙や包装紙などを貼って作ることもできます。完成したら、「これは、何の柄?」「どんなところで着てみたい?」など、作品を使っていろいろ話しましょう。

きものの　もよう

きものの　もようには　いみが　あるんだよ。

てまり
げんきな　こに　なります　ように。

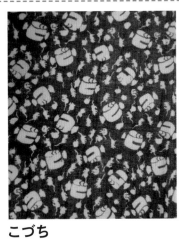

つる
ながいき　します　ように。

きんぎょ
おかねに　めぐまれます　ように。

はな
うつくしく　そだちます　ように。

あさのは
げんきに　そだちます　ように。

すず
ものごとが　よく　なります　ように。

いぬはりこ
すくすく　そだちます　ように。

こづち
ねがいが　かないます　ように。

着物柄の画像提供：
mamechiyo modern

★おうちの方へ★
まずはどの柄が好きか話しましょう。手毬には「丸く収まるように」という意味もあります。鶴は鳥類の中でも寿命が長く、亀と並んで縁起物としてよく知られています。金魚は「魚」と「余」が中国では同じ読み方なので、「金が余る＝裕福」に繋がったと言われています。麻は4ヵ月で4mも伸びるほど成長が早いので、子どもの成長を願う柄になりました。

きせつ・てんき

おはなし

1 いまは どの きせつですか。

2 あつい とき、さむい とき、あたたかい とき、すずしい とき、
どんな ことを しますか。どんな ことが したいですか。

はる

あたたかい

おはなみ

イースター

おさんぽ

なつ

あつい

せんぷうき

かいすいよく

かきごおり

♪うたってみよう
「春よ来い」「夏の思い出」
「夕焼小焼」「ゆき」

あき

すずしい

おつきみ

りんごがり

こんさーと
コンサート

だい
16
ぽ

ふゆ

さむい

こたつ

ゆきあそび

おんせん

★おうちの方へ★
日本は四季がはっきりしていますので、それぞれの季節の特徴的なものを挙げました。その季節にどんなことをするのか、したことがあるのか、具体的に話してみましょう。また、国や地域によって、季節が異なることもあります。たとえば、「だい３ぽ」のことば（19ページ）の絵を見ながら、北半球と南半球の季節の違いについて話すのもいいでしょう。

1 ☆ きょうは　どんな　てんきですか。
きのうは　どんな　てんきでしたか。
あしたは　どんな　てんきに　なると　おもいますか。

はれ　　　　くもり　　　　あめ　　　　ゆき

2 ☆☆ したの　えは　それぞれ　どの　きせつに　する
ことだと　おもいますか。
また、どんな　てんきの　ときに　する　ことが
おおいですか。

★おうちの方へ★
②は、前のページを使って、どの季節かいっしょに確認してもいいでしょう。「かき氷を
よく食べるのは、暑い時？寒い時？」「お月見ができるのは、晴れの時、雨の時？」「イー
スターエッグを庭に隠すなら、どんな天気のほうがいい？」など、単純な質問でかまいません
ので、行事を天候や気温などにも結びつけて練習をしてみてください。

1 ☆ ☆ 「きたかぜと　たいよう」の　おはなしを　よみましょう。

むかしむかし　きたかぜと　たいようが　どちらが
つよいか　いいあらそいを　しました。そして、
たびびとの　コート^(こーと)を　ぬがせた　ほうが　かちと　いう
ことに　しました。きたかぜは　ぴゅうぴゅうと　たびびとに
かぜを　ふきつけました。でも、たびびとは　しっかり　コート^(こーと)を
おさえて　しまったので、コート^(こーと)を　ぬがせる　ことは　できませんでした。
つぎに　たいようが　たびびとを　ぽかぽかと　てらしました。
「ああ、あたたかいなあ」と　いって　たびびとは　コート^(こーと)を
ぬぎました。こうして　たいようが　かちました。

だい
16
ぽ

2 ☆ ☆ ☆ どの　じゅんばんですか。（　　）に　ばんごうを
　　　かきましょう。

（　　）　　（　　）　　（　　）

3 ☆ ☆ ☆ かったのは　だれですか。○を　つけましょう。

★おうちの方へ★
天気に関連し、イソップ童話「北風と太陽」を紹介します。ここは、おうちの方が読み聞かせをしてください。もし読むことに興味のあるお子さんでしたら、少しずつ自分で読む練習をしてもいいですね。特にセリフや、「ぴゅうぴゅう」は、読み方を工夫してみましょう。劇をしても盛り上がります。なお「うちゅう」（だい25ぽ）でも、太陽について扱います。

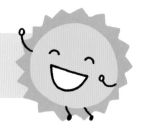

あそび　みずで　なにが　できるかな！

1 にじを　つくって　みましょう。

よういするもの
ホース（または、きりふき）
みず

やりかた
①おひさまに　せを　むけて　きりふきや　ホースで
　みずを　まきます。

②きれいな　にじが　できます。

てんきが　いいひに
やって　みてね！

2 みずで　じっけんして　みましょう。

よういするもの
コップ
みず
あつがみ

やりかた
①コップに　みずを
　いれて　あつがみで
　ふたを　します。

②さかさに　して　みても
　みずは　おちません。

★おうちの方へ★
①は光の屈折率を利用した実験です。②は空気の圧力と、水の表面張力を使った実験です。水が落ちる重力よりも、下から持ち上げる大気圧のほうが強く、また、水にはまとまろうとする表面張力が働くため、コップを逆さまにしても水が落ちないというわけです。コップをひっくり返す時に、紙をぎゅっと押し付けたほうがいいです。

みてみよう！

いろいろな　くにの　きせつと　てんき

くにに　よって　きせつや　てんきは　ちがうんだよ。
きせつは　いつかな？　どんな　てんきかな？

おらんだ
オランダ

どいつ
ドイツ

ばはま
バハマ

かんこく

えじぷと
エジプト

にほん

★おうちの方へ★
写真を見ながら、それぞれの国の季節や天気を想像してみましょう。まず、何をしているのか確認すれば（そり遊び、水遊び、傘をさす等）、それぞれの季節や天気が想像できます。その国がどこにあって、どんな国なのか、暑いのか、寒いのか、これまで勉強したことばや地図などを使って、想像しながら話すのも楽しいですね。

 すきなことをかいてね！

ことば

オーギュスト・ルノワール「読書する二人の少女」ロサンゼルス・カウンティ美術館所蔵

ことばあそび

おはなし

① はやくちことばを　よんで　みましょう。

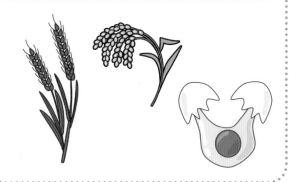

なまむぎ
なまごめ　♪
なまたまご

あかパジャマ
あおパジャマ　♫
♪　きパジャマ

かえる　ぴょこぴょこ
み　ぴょこぴょこ　♫
あわせて　ぴょこぴょこ
む　ぴょこぴょこ

となりの　きゃくは
よく　かき　くう　♪
きゃくだ　♫

★おうちの方へ★
日本語の代表的な早口言葉を集めました。最初はゆっくり一つずつ確認をしながら言ってみて、慣れてきたら徐々にスピードを上げて読んでみましょう。本を見ないで言えるようになったら楽しいですね。また、外国語にも、さまざまな早口言葉があります。お子さんが話せる日本語以外のことばの早口言葉があれば、いっしょに言ってみるのもよいでしょう。

ことば　さかさことば

1 ☆　したの　ことばを　まえから　よんで　みましょう。

2 ☆☆　うしろから　よんで　みましょう。

1) と　ま　と

2) し　ん　ぶ　ん　し

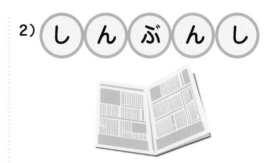

3) う　た　う　た　う

4) か　る　い　い　る　か

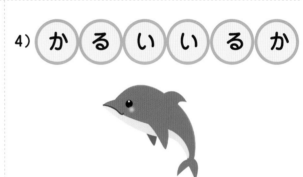

3 ☆☆　じぶんの　なまえを　さかさから　いって　みましょう。

れい

さや　→　やさ

けんと　ケント　→　とんけ　トンケ

★おうちの方へ★
逆さ言葉（回文）に親しむことで、ことばのおもしろさに気づくことが目的です。他にも「色白い」「黄色い木」「イカ赤い」「よく行くよ」「肉の国」なども回文です。発展練習として、自分で作ってみるのも楽しいです。まず逆さ言葉のペアを見つけ（「肉」と「国」など）、その間に言葉を足し、意味が繋がるようにすると、比較的簡単にできます。

1 ☺ ☺ したの えは それぞれ なんですか。いいましょう。

1)

2)

3)

4)

2 ☺ ☺ おなじ ことばで、いみが ちがう ことばが あります。ぶんと おなじ えを せんで むすびましょう。

1) あめが ふって います。 ● ●

2) あめが ふたつ あります。 ● ●

3) くもの あしは 8ぽん あります。 ● ●

4) しろい くもが うかんで います。 ● ●

★おうちの方へ★
②の後、「おやつの飴と、空から降る雨、ひらがなで書くと同じだけど、違う意味のことばだね」といった説明もしてあげてください。もし、ひらがながまったく分からなければ、「同じ音」「同じ言い方」で「意味が違う」など、「同音異義語」を子ども向けに簡単にして（厳密に言うと「音」「言い方」では語弊がありますが）教えることもできます。

ことば おなじ いいかた ②

3 ☆ ☆ ☆ したの えの なかから、おなじ いいかたで
ちがう いみの ものを
せんで むすびましょう。

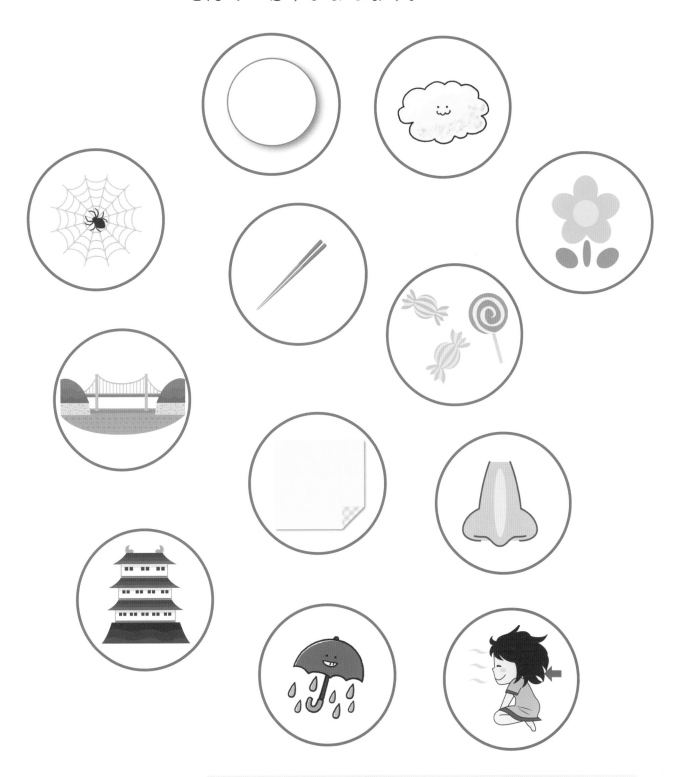

★おうちの方へ★
同音異義語の練習です。雲の左の絵は「白」です。まずは左のページに出てきた「鼻」
「花」などから始めましょう。お子さんに「これは、何かな」と問いかけ、大きく「はな」
と書いてあげてください。そして、もう一つの「はな」をいっしょに見つけましょう。ひらが
なが分からない場合の説明は、左ページの「おうちの方へ」を参照してください。

えかきうた

「かわいいコックさん」の　えかきうたを　うたいながら
えを　かきましょう。

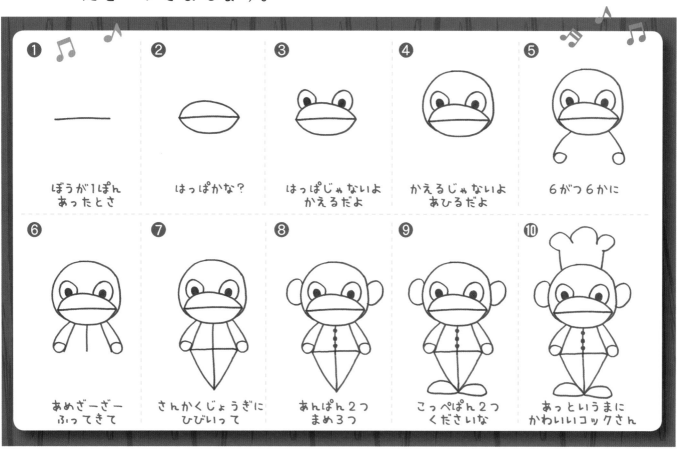

①	②	③	④	⑤
ぼうが1ぽん あったとさ	はっぱかな？	はっぱじゃ ないよ かえるだよ	かえるじゃ ないよ あひるだよ	6がつ6かに

⑥	⑦	⑧	⑨	⑩
あめざーざー ふってきて	さんかくじょうぎに ひびいって	あんぱん2つ まめ3つ	こっぺぱん2つ くださいな	あっというまに かわいいコックさん

★おうちの方へ★

ほかにも、いろいろな絵描き歌があります。インターネットなどで探していっしょに歌ってみてください。歌なら、たくさんの語彙を自然に覚えることができます。たとえば、上の絵描き歌には「一本」「六月六日」「二つ」「三つ」など、少々覚えにくいことばがたくさん入っていておすすめです。

いろいろな 「ありがとう」

にほんでは どんな 「ありがとう」が あるのかな。

あきた
「**えがったな**」

いわて
「**どーも**」

にいがた
「**ごちそうさま**」

とやま
「**きのどくな**」

ふくしま
「**たいへん**」

しまね
「**だんだん**」

やまぐち
「**たえがたい**」

とうきょう
（ひょうじゅんご）
「**ありがとう**」

きょうと
「**おおきに**」

こうち
「**たまるか**」

みやざき
「**かたじけない**」

★おうちの方へ★
同じ国の中でも、ことばは地域によって異なります。このような地図で、日本にもことばの違い（＝方言）が存在することに気付かせたいものです。おうちの方の出身地域の方言や、住んでいる国（あるいは興味のある国）の方言についても、ぜひ調べたり、話したりしてみてください。

だい **18** ぽ

だい じゅうはっぽ

むかしばなし

できたね！

シール

おはなし

1 にほんの　むかしばなしです。しって　いる　おはなしは
ありますか。

2 どんな　おはなしですか。

ももたろう

うらしまたろう

かぐやひめ

はなさかじいさん

さるかにがっせん

つるのおんがえし

いっすんぼうし

きんたろう

おむすびころりん

★おうちの方へ★
昔話を通じて、物語の類型、擬音語・擬態語、日本で重視されてきた美徳や価値観（たと
えば、恩返しや親孝行）など、さまざまな文化に触れることができます。日本語の絵本等
が手に入る環境でしたら、いろいろな昔話を読み聞かせましょう。知らないお話も、上の絵を
ヒントに「どんなお話だと思う？」と予想させてから、あらすじを教えてあげてください。

ことば　ももたろう

1 ☆☆ 「ももたろう」の　おはなしを　よみましょう。

だい **18** ぽ

　むかしむかし　おじいさんと　おばあさんが　いました。
あるひ　おばあさんは　かわで　おおきな　ももを
みつけました。ももを　きると　なかから
おとこの　こが　うまれました。ももから　うまれたので　ももたろうと
いう　なまえに　しました。

　おおきく　なった　ももたろうは　おにたいじに　いく　ことに　しました。
とちゅうで　いぬ、さる、きじに　あって　きびだんごを　あげました。
ももたろうと、いぬ、さる、きじは　おにを　たいじしました。
みんなで　たからものを　もって　かえりました。

2 ☆☆ どの　いきものが　でて　きましたか。3つ　○を　つけましょう。

3 ☆☆☆ おはなしの　じゅんばんに　なるように　（　）に
ばんごうを　かきましょう。

（　）　　　　（　）　　　　　（　）　　　　　　（　）

★おうちの方へ★
①は、お子さんに合わせ、読み聞かせるだけにしてもいいですし、おうちの方が一区切り
ずつ読んで続けて読ませてもいいです。②は、丸を付けるだけでなく、動物の名前も言わ
せてください。余裕があれば、動物以外の登場人物もいっしょに確認しましょう。③の発展練
習として、絵を使わずに、あらすじを説明させることもできます。

あそび

おりがみで つくって みよう

むかしばなしに でて くる どうぶつや くだものを
おりがみで つくって みましょう。

さる（さるかにがっせん）

① 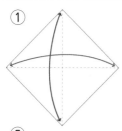　② 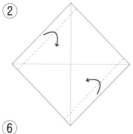　③ 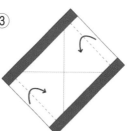　④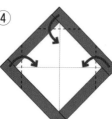

⑤ 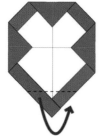　⑥

さるの　ほっぺと
ももの　はっぱは
いろを　ぬってね！

もも（ももたろう）

① 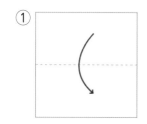　② 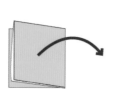　③ 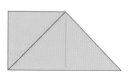　④

⑤ 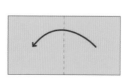　⑥ 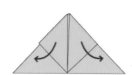　⑦ 　⑧

⑨ 　⑩

★おうちの方へ
　折り紙を作りながら、会話のきっかけにしましょう。「さるかに合戦で、さるは何をした
んだっけ？」と聞いたり、「さるは、どうして上手に木に登れるんだと思う？」など、お
子さんの興味や知識に合わせて質問してください。折り紙の作品は、画用紙に貼り、絵なども
足して、昔話の一場面を描いた1枚の作品にすることもできます。

114

むかしばなしに よく でて くる ひと、いきもの

おじいちゃん・じいさま じいや・じじ・じっちゃん	おばあちゃん・ばあさま ばあや・ばば・ばっちゃん

さる

いぬ

たぬき

うさぎ

かめ

かに

つる

きつね

ねずみ

すずめ

くま

おに

★おうちの方へ★

マルチリンガルの子どもの場合、「おじいちゃん」は知っていても、「じいさま」が分から
ず、戸惑ってしまうことがあります。ここでは「いろいろな呼び方がある」くらいの理解
でけっこうです。動物の中で、たとえばさるは、「桃太郎」や「さるかに合戦」に登場します。
知っている動物について「この動物が出てくる昔話は……」と話し合ってみてください。

せかいのおはなし

おはなし

1 いろいろな　おはなしです。しって　いる　おはなしは
ありますか。

2 どんな　おはなしですか。

しらゆきひめ

おやゆびひめ

シンデレラ

あかずきん

ヘンゼルとグレーテル

ブレーメンの
おんがくたい

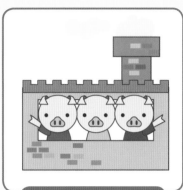

だい
19
ほ

マッチうりの
しょうじょ

ピノキオ

さんびきのこぶた

ジャックと
まめのき

ピーターパン

さいゆうき

はだかの
おうさま

アリと
キリギリス

アラジンと
まほうのランプ

★おうちの方へ★
世界の有名な童話や昔話を集めました。日本で翻訳された絵本のタイトルと、海外のタイトルとの違いや共通点を楽しみながら話すのもいいですね。知らない物語について、まずイラストを見て、どんな物語だと思うか予測させた後、あらすじを聞かせてあげてください。
また、上記の作品以外にも、在住地域の昔話をいっしょに調べるのもおすすめです。

1 ☆☆ 「ブレーメンのおんがくたい」の　おはなしを　よみましょう。

ある　ところに　にんげんに　かわれた　ロバが　いました。

ロバは　としを　とって　しごとの　やくに　たたなく　なったので、

かいぬしに　えさを　もらえなく　なりました。

ロバは　このままでは　しんで　しまうだけなので、

ブレーメンへ　いって　おんがくたいに

はいろうと　おもいました。

2 ☆☆ でて　きた　どうぶつは　どれですか。○を　つけましょう。

3 ☆☆☆ どうして　ロバは　おんがくたいに　はいろうと
おもいましたか。

★おうちの方へ★
「おはなし」については、おうちの方が読む、区切りながらおうちの方に続けてお子さん
が読む、お子さんが一人で読む、というように、レベルに合わせて読ませてみましょう。
②は、「ロバ」ということばをまだ知らなくても大丈夫です。すぐに選べない場合は、先にほ
かのイラストの動物の名前を考えて、消去法で選んでもよいでしょう。

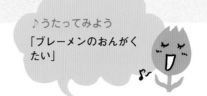

4 ☺ ☺ おはなしの　つづきを　よみましょう。

ブレーメンへ　いく　とちゅう　おなじように　としを　とって

ひどいめに　あって　いる　いぬ、ねこ、にわとりに　あいました。

よるに　なって　もりの　なかで　どろぼうの　いえを　みつけました。

ロバの　うえに　いぬが、　いぬの　うえに　ねこが、

ねこの　うえに　にわとりが　のって、　おおきな　こえを　だしました。

どろぼうたちは　こわく　なって　にげて　しまいました。

だい
19
ほ

5 ☺ ☺ ロバは　どの　いきものに　あいましたか。
　　3つ　○を　つけましょう。

6 ☺ ☺ うえで　○を　つけた　いきものは　それぞれ
　　どんな　こえで　なきますか。いいましょう。

7 ☺ ☺ ☺ どうして　どろぼうは　にげましたか。

★おうちの方へ★
　上記の物語は、スペースの関係上、短くなっています。動物達が、夜、森の中で休むとこ
ろを探している時にあかりが灯っている家を見つけ、それが偶然、泥棒の家だったという
設定です。そしてみんなで相談し、泥棒を追い出すことにしました。動物達がみんなで出した
大きな声はどんな声だったのか、お子さんと想像して、話し合ってみてください。

8 ☆ ☆ おはなしの　さいごを　よみましょう。

> その　あと　どろぼうは　もどって　きましたが　また　いっしょに
> どろぼうを　おどろかせて　おいだしました。
> ロバ、いぬ、ねこ、にわとりは　その　いえで
> しあわせに　くらしました。

9 ☆ ☆ ☆ どろぼうは　さいご　どう　なりましたか。

10 ☆ ☆ ☆ ロバ、いぬ、ねこ、にわとりは
それぞれ　どんな　ことが　できると　おもいますか。
せんで　むすびましょう。

| ねずみを
つかまえる | あさを
しらせる | にもつを
はこぶ | えものの
ばしょを　おしえる |

★おうちの方へ

お話の続きを読みながら、いっしょに考える問題です。すぐに答えられなくても、焦らず、もう一度文章を読み返しましょう。⑨は、どろぼうをどんなふうに驚かせたのか想像するのもいいですね。⑩は、難しいようなら「ロバは力持ちだね」「にわとりは早起きだよね。じゃあ、何ができるかな」など、ヒントを出してあげましょう。

なぞなぞ

わたし・ぼくは、116 ～ 117 ページの
おはなしに でて きます。だれでしょう？
（ひと、どうぶつ、ものの ばあいが あります）
また、どの おはなしに でて くるでしょう？

Q3
わたしは みんなが
ひを つけたい ときに
やくに たつよ。

Q4
ぼくを つかって
いえを つくると、
じょうぶな いえに
なるよ。

Q2
そらを びゅんびゅん
とぶのが、
すきなんだ。

Q5
まほうで ばしゃに
かえられたけど、
ほんとうは わたしは
やさいなの。

Q1
おおきな くちを
もって いるので、
たべちゃうぞ！

Q6
うそを ついたら
ぼくの はなが
のびるんだ。

こたえ
Q1：おおかみ，Q2：ピーターパン
Q3：マッチ，Q4：れんが
Q5：かぼちゃ，Q6：ピノキオ

★おうちの方へ★
童話の登場人物や出てくるもの（後者は擬人化しています）を使ったなぞなぞです。上記の中から、お子さんが知っている物語を選んで、問題を出してあげてください。また、お子さんのお気に入りのお話の登場人物について、オリジナルのなぞなぞを作って出してあげたり、お子さんに問題を作らせて、おうちの方が答えるという活動も楽しいです。

みてみよう！

ブレーメンの　まち

ブレーメンの　まちには、いろいろな　しゅるいの
『ブレーメンのおんがくたい』の　ぞうが　あるんだよ！

ブレーメンは
ドイツの
おおきな
まちです。

いちばん　おおきな　ぞう

いちばん　ちいさい　ぞう。どこに　あるかな？

みんなは
どの　ぞうが
すきかな？

★おうちの方へ★
　ブレーメンはドイツの北のほうにあります。上記のブレーメンの音楽隊の写真を見て、ロバ、犬、猫、にわとりがそれぞれどこにいるか、いっしょに探してみましょう。「足がしましまのロバはどこ？」など簡単なクイズを出しても楽しいですね。右上の一番小さいブレーメンの音楽隊の像は、写真中央のポール（レンガの壁の上）に、一匹ずつ並んでいます。

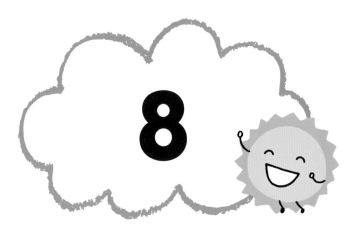

8

すきなこと

エドゥアール・マネ「笛を吹く少年」オルセー美術館所蔵

スポーツ

できたね！

シール

おはなし

1 すきな　スポーツは　なんですか。

2 やって　みたい　スポーツは　なんですか。

すいえい

やきゅう

サッカー

テニス

バレエ

スケート

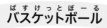
スキー

バスケットボール

じゅうどう

★おうちの方へ

子どもから大人までなじみのあるスポーツを集めました。知っているスポーツ、今まで
やったことのあるスポーツなどの身近な話から、（よく話せるお子さんでしたら）それが
どんなスポーツなのかルールを説明するところまで、幅広く話せるのが「スポーツ」という
テーマです。いっしょにオリンピックやワールドカップの中継を見るのもいいですね。

ことば　つかうもの

1 ☺ ☆　ボールを　つかう　スポーツは　どれですか。
　　　○を　つけましょう。

2 ☺ ☆　ラケットを　つかう　スポーツは　どれですか。
　　　○を　つけましょう。

3 ☺ ☆ ☺ ☆　サッカーで　つかう　ものを　したの　なかから
　　　2つ　えらんで　○を　つけましょう。

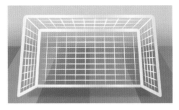　

★おうちの方へ★
　丸をつけさせたら、必ず①②は「これはなんていうスポーツ?」、③は「これは何?」など、ことばも確認しましょう。発展練習として、「ほかにボールを使うスポーツには、何がある?」「ボールの大きさはどのくらい?」「ボールは硬い?軟らかい?」「ボールをどうすれば、点が入るの?」など、話を少し広げた質問をすることもできます。

1 ☆ したの　うごきを　せんせいが　いいます。
　　その　うごきを　せんせいと　いっしょに　して　みましょう。

およぐ	なげる	うつ
ける	すべる	まわる

2 ☆☆ つぎの　スポーツでは　ボールを　どうしますか。
　　いいましょう。

れい

ボールを　バットで　うちます。

1)　　　　　2)　　　　　3)

★おうちの方へ★
動作に関することばを学ぶことが目的です。まず動きとことばを確認してから、①に取り組みます。発展練習として、おうちの方がその動きをして、それが何かをお子さんが当てるジェスチャーゲームも盛り上がります。②は、そのスポーツのルールとも関係する表現になります。たとえば、「ボールをけってゴールに入れます」などです。

ことば　**いくつ　ある?**

① ☆ なんぼん　ありますか。

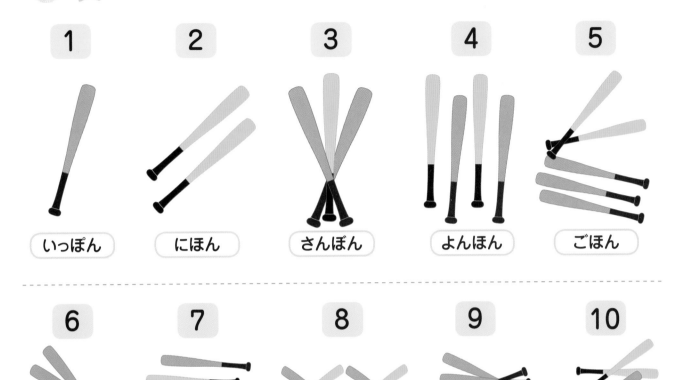

1	**2**	**3**	**4**	**5**
いっぽん	にほん	さんぼん	よんほん	ごほん

6	**7**	**8**	**9**	**10**
ろっぽん	ななほん	はっぽん	きゅうほん	じゅっぽん

② ☆ ☆ なんぼん　ありますか。

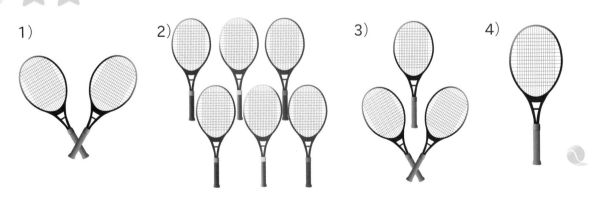

1)　　　　　2)　　　　　3)　　　　　4)

★おうちの方へ★
「~本」は身近な助数詞ですが、前の数字によって発音が変わるため、繰り返し練習することが大切です。「だい1ぽ」で扱った歌「いっぽんでもニンジン」を、もう一度いっしょに聞くのもいいですね。家にあるラケット、バット、ペン、クレヨン、ニンジン、きゅうり、かさ、もっと身近なら手足の指なども使って、楽しく練習しましょう。

ボーリングを しよう!

ボーリングで あそびましょう。

よういするもの 500ml のペットボトル (5ほん〜10ぽん)
はさみ、いろがみ、ペン
テープ、しんぶんし

あそびかた

① ペットボトルに いろがみや テープを
はって ピンを つくります。

② しんぶんしを まるめて
テープで とめて ボールを つくります。

③ ピンを たてて、5ほぐらい はなれた
ところに たちます。

④ ボールを ころがして ピンを
たおします。

※ ボーリングの ピンを つかって、わなげも できます。
ボーリングの ピンには みずを いれます。
わなげの わは しんぶんしを つつじょうに して
わを つくり テープで とめます。

★おうちの方へ
まずはお子さん自身にゲームの説明を考えさせ、ことばにさせましょう。「まず、このピンをどうするのかな?」「ボールをどうやって、遊ぶと思う?」などと質問するといいですね。ピンに絵やひらがなを一字ずつ書き、ピンを倒したら、その絵が何かを言ったり、文字がついたことばを言う(「あ」のピンなら「あひる」と言う)ゲームも盛り上がります。

うんどうかい

> にほんの　うんどうかいは　こんな　ことを　するんだよ！
> みんなの　くにでは　どうかな？

にほんのうんどうかい

リレー

たまいれ

かけっこ

おおだま
ころがし

つなひき

くみたいそう

★おうちの方へ★

日本の運動会は、白と赤の組に分かれることも特徴的です。おうちの方が子どもの時の運動会の思い出について話したり、動画を検索してどんな種目があるのか、どんな動きをするのか見てみたり、どの種目をやってみたいか、話すのもいいですね。在住地域の小学校の運動会（国によっては「スポーツデー」など）の種目を調べてみるのもいいでしょう。

だい **21** ぽ

だい にじゅういっぽ

おんがく

できたね！

シール

おはなし

1 しって いる がっきは ありますか。

2 みた ことが ある がっきは どれですか。
ひいた、ふいた、たたいた ことが ある がっきは どれですか。

ギター

バイオリン

チェロ

シンバル

ピアノ

たいこ

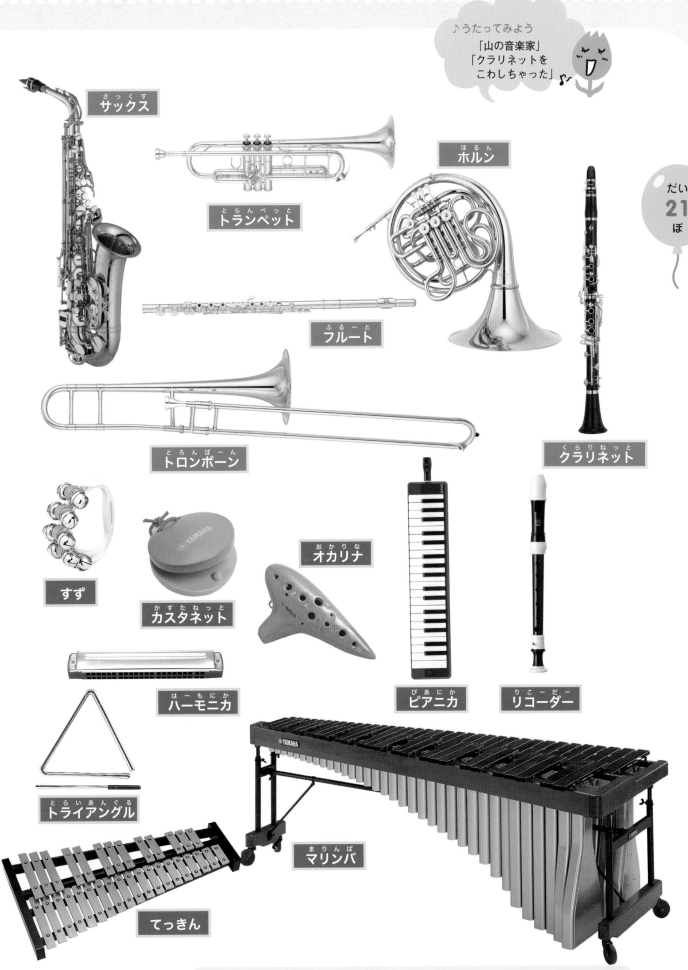

♪うたってみよう
「山の音楽家」
「クラリネットを
こわしちゃった」♪

だい
21
ぽ

サックス

トランペット

ホルン

クラリネット

フルート

トロンボーン

すず

カスタネット

オカリナ

ピアニカ

リコーダー

ハーモニカ

トライアングル

マリンバ

てっきん

★おうちの方へ★
子ども向けのコンサートの動画を見たり、実際にコンサートに足を運んで、どんな音がするのか聞く機会を作りましょう。「うたってみよう」の「山の音楽家」には、たくさん楽器が出てきますので、ぜひ歌って覚えましょう。教室活動なら「山の音楽家」発表会をしても楽しいです。

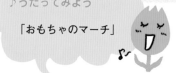

ことば	えんそう

1 ☆ したの ことばを よみましょう。

ひきます

ひきます

ふきます

たたきます

2 ☆ ☆ うえの ことばを せんせいが いいます。
その うごきを して ください。

3 ☆ ☆ 「ふきます」を つかう がっきは どれですか。

1)　　　　2)　　　　3)　　　　4)

4 ☆ ☆ ☆ つぎの がっきは 「ひきます」「ふきます」
「たたきます」の うち どれを つかいますか。

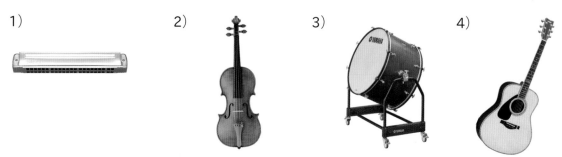

1)　　　　2)　　　　3)　　　　4)

★おうちの方へ
②の「ひきます」では、ギター、バイオリン、ピアノ……「弾く」楽器のどの動きをして
も正解です。④は、もしことばがすぐに出ない場合は、たとえば「吹く」なら語頭の
「ふ」だけを言うなど、ヒントを出して、答えを引き出してあげてください。または「フルー
トは吹く、だよね。じゃあハーモニカは……」とヒントを出すこともできます。

132　写真提供：ヤマハ株式会社

ことば **きもち・かんじ**

1 ☺ きょく(※1)を きいて はなしましょう。
どの がっきの おとでしたか。

2 ☺☺ べつの きょく(※2)を きいて はなしましょう。
どんな きもちに なりましたか。

たのしい   かなしい

3 ☺☺☺ いろいろな きょく(※3)を きいて どんな きょく
だと おもうか、どんな きもちに なるか
はなしましょう。

【おすすめの曲】
※１：ショパン「子犬のワルツ」など
※２：ベートーヴェン「運命」など
※３：モーツァルト「トルコ行進曲」、ヴィヴァルディ「四季」より「春」、
　　　ベートーヴェン「エリーゼのために」、シューベルト「アヴェ・マリア」
　　　バッハ「トッカータとフーガ、二短調」など。

★おうちの方へ★
曲を聴かせる時は、目を閉じるように指示すると、集中して聞きやすくなります。曲を聴
いたらどんな気持ちになるか、自由に表現させてください。最初は日本語以外のことばで
もいいですし、思い浮かんだ絵を描かせたり、ジャンプやダンスなどの体を使った表現をした
りしてもいいです。その後、その思いや気持ちをどう日本語で表現するか話し合いましょう。

写真提供：ヤマハ株式会社

1 ☆　どんな　ふうに　たいこを　たたくと　つぎのような
　　おとが　でますか。たいこの　かわりに　つくえを
　　たたいて　みましょう。

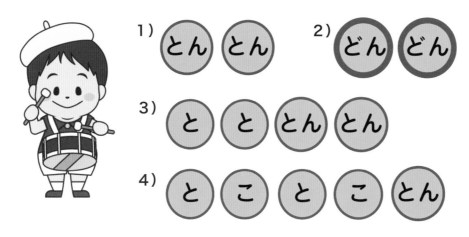

1) とん　とん

2) どん　どん

3) と　と　とん　とん

4) と　こ　と　こ　とん

2 ☆　きれいな　こえを　だして　みましょう。
　　たかい　こえですか。ひくい　こえですか。

3 ☆　じぶんが　だせる　いちばん　おおきい　こえを　だして
　　みましょう。クラスの　なかで　だれの　こえが
　　いちばん　おおきいですか。

★おうちの方へ
リズムよく読んで、楽しみながら活動しましょう。音の強弱（強い、弱い）、速さ（速い、遅い）、声の高さ（高い、低い）などのことばを意識して使うように気をつけましょう。
③は、「一番大きい声」だけでなく、「一番きれいな声」「一番小さい声」「一番ガラガラの声」など、バリエーションをつけても楽しめます。

でんでんだいこ

でんでんだいこを　つくって　あそびましょう。

よういするもの

かみざら（2まい）
かみストロー（または、わりばし）
おおきめのビーズ
ホチキス、テープ、ひも
ペン、シールなど（かざりよう）

どんな　おとが
するかな！

つくりかた

① かみざらに　えを　かいたり、
　　シールを　はって　かざります。

② ビーズに　いとを　とおした　ものを
　　2ほん　つくります。

③ ビーズを　とおした　いとと、
　　かみストロー（わりばし）を
　　かみざらに　テープで　はります。

④ かみざらを　2まい　あわせて
　　ホチキスで　とめます。

できあがり

★おうちの方へ★
　でんでん太鼓は昔から日本にあるおもちゃで、棒の部分を手で回転させることで音を出します。134 ページの①にあるように、いろいろなリズムをたたいて遊びましょう。なお、ひもの長さを変えると、音も変わります。ひもが長い時と、短い時と、どのように音が変わるのか、違いを楽しんでみるのもいいですね。

みてみよう！

せかいの　みんぞくがっき

どんな　おとが　するかな？　きいた　ことが　あるかな？

わだいこ　🔴 にほん

iStock.com/y-studio

こと　🔴 にほん

にこ　⭐ ちゅうごく

iStock.com/martijnmulder

ディジュリドゥ　オーストラリア

Vladislav Gajic/Shutterstock.com

シタール　インド

TheFinalMiracle/Shutterstock.com

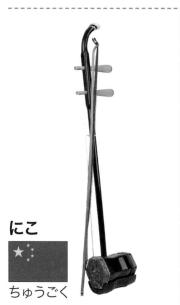
バグパイプ　イギリス

iStock.com/mipan

ボンゴ　キューバ

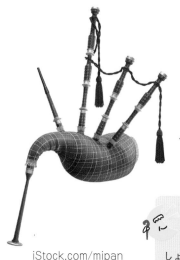

★おうちの方へ★
それぞれ「弾く」楽器か、「たたく」楽器か、「吹く」楽器か、いっしょに考えてみましょう。また、似ている楽器があれば、何が同じで、何が違うのかなども話し合うといいでしょう。可能であれば、インターネットで楽器の音も探して、ぜひ聴いてみてください。

9

おでかけ

おでかけ

おはなし

1　どこへ　いくのが　すきですか。

2　そこで　なにを　しますか。

こうえん

ゆうえんち

どうぶつえん

すいぞくかん

えいがかん

すーぱーまーけっと
スーパーマーケット

★おうちの方へ★
ご家族ででかける可能性のある場所について話します。知らないことばがあったら、一通り会話をした後、復習として、カルタのような要領で「えいがかんは、どの絵？」と指をささせたり、反対に「この絵は何かな？」と聞くこともできます。「どうぶつえんの右にある絵は？」「ぞうがいるのは？」「野菜が買えるのは？」などという聞き方も可能です。

3 いちばん すきな のりものは どれですか。どうしてですか。

4 よく のる のりものは どれですか。

くるま

でんしゃ

ひこうき

ちかてつ

ふね（きゃくせん）

ろめんでんしゃ

バス

じてんしゃ

写真提供：ANA，東京都交通局，きゃくせん ぱしふぃっくびいなす 日本クルーズ客船（株）© 篠本秀人

★おうちの方へ★
どれが好きか、どれに乗ったことがあるかなど、乗り物について自由に楽しく話しましょ
う。発展練習として「スーパーで買い物したい時は、どれに乗ったらいいかな」「おじい
ちゃん（あるいは友達）に会いに行く時は、どれに乗る？」「飛行機でどこでも行けるとした
ら、どこへ行きたい？」などと質問することもできますね。

1 ☺ よみましょう。

でんしゃ（に）のります。　　　　でんしゃ（で）いきます。

2 ☺☺ したの えの ひとたちは なにに のって いますか。

1)　　　　　2)　　　　　3)　　　　　4)

3 ☺☺ したの ばしょへ いく ときは、なにで いきますか。

1)　　　　　2)　　　　　3)　　　　　4)

こうえん　　　ぷーる プール　　　ゆうえんち　　　うみ

★おうちの方へ★
乗り物に関する「に」と「で」を正しく使えるようになることが目的です。「に」は「到達地点」、「で」は何かをする際の「道具や手段」を表します。①②では「どんな電車に乗っているのかな？」などと追加で質問もできます。お子さんが混乱した場合は、ほかの例をたくさん挙げたり、お子さんが話せるほかの言語で説明をしてあげましょう。

ことば 「へ」

1 ⭐ よみましょう。

おばあちゃんの　うち（へ）いきます。　　ともだちが　うち（へ）きます。

くるまで　うち（へ）かえります。

2 ⭐⭐ したの　えの　なかで、どこへ　いきたい　ですか。
いいましょう。

れい

ゆうえんち（へ）いきたいです。

ゆうえんち

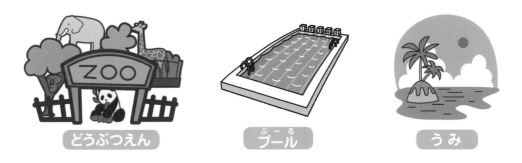

どうぶつえん　　　プール　　　うみ

★おうちの方へ★
　移動の方向を示す助詞「へ」を意識した練習ですが、「に」（到達点）を使うこともできます。②は、場所の名前だけでなく、なるべく助詞を意識して、一文全部をいっしょに言いましょう。発展練習として、おうちの方がわざと助詞を間違えた文（「遊園地を行こう」など）を言って、お子さんに直してもらう練習もいいでしょう。

すごろく

すごろくで あそびましょう。

※「すごろく」は巻末に付いています。

よういするもの

すごろく
サイコロ
こま

すたーと
スタート

さっぽろ

3つ
すすむ

いっかい
やすみ

あきた

せんだい

にいがた

ふくしま

しまね

かなざわ

ながの

ひろしま

おおさか

4つ
もどる

スタート
にもどる

とうきょう

2つ
すすむ

ちば

くまもと

ふくおか

えひめ

2つ
すすむ

わかやま

しずおか

よこはま

かごしま

ごーる
ゴール！

3つ
もどる

★おうちの方へ

すごろくで遊びながら、ことばを復習し、「だい4ほ」にも出てきた日本地図にさらに関心を持ってもらうことが目的です。最初に、地図の地名をいっしょに読んでみましょう。「いっかいやすみ」「スタートにもどる」などの意味も、最初に解説しておくとスムーズです。また、コマを進める際にも、地名を再度読むようにしましょう。

せかいの　でんしゃ

どの　でんしゃも　かっこいいね。しって　いる　でんしゃは　あるかな？

オーストラリア：ザ・ガン

iStock.com/fotofritz16

アメリカ：アムトラック

iStock.com/StonePhotos

ロシア：シベリアてつどう

iStock.com/Serjio74

ペルー：ペルー・レール

iStock.com/Byelikova_Oksana

にほん：ほくりくしんかんせん

ちゅうごく：
しゃんはいマグレブ

iStock.com/joyt

★おうちの方へ★

ザ・ガンはオーストラリアの南北を54時間かけて走る列車です。アムトラックは北米大陸を横断する列車です。シベリア鉄道は世界で一番長い鉄道（9259km）です。ペルー・レールはクスコからマチュピチュまで10時間かけて走る列車です。北陸新幹線は2015年に開通しました。上海マグレブは世界一速いリニアモーターカーです（最速430km）。

だい **23** ぽ

だい にじゅうさんぽ

まち

できたね！

シール

おはなし

1 したの ちずを みて こたえましょう。
としょかんの よこに なにが ありますか。

2 としょかんで ほんを かりて、パンやで パンを かって、
びょういんへ いきます。どのような みちで いきますか。

★おうちの方へ★

町にあるものや、道のりについて話す練習です。①まず「としょかんはどこ？」と問いか
け、地図上で見つけてから問題に進みましょう。②これも、最初に「としょかん」「パン
や」「びょういん」を確認した後、道のりの説明に入ります。「こう行って、こう行って」よ
り、具体的に「右に曲がる」「道を渡る」などのことばも使いましょう。

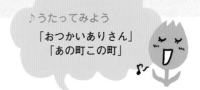

ことば　なにを　しに？

1 ☆ なにを　しに　いきますか。よみましょう。

1) ほんを　（よみに）　いきます。

2) パンを　（かいに）　いきます。

2 ☆☆☆ どこへ　なにを　しに　いきますか。
えを　ヒントに　して　いいましょう。

れい　としょかんへ　ほんを　（よみに）　いきます。

としょかん

1)

スーパーマーケット

2)

びょういん

3)

はなや

4)

レストラン

★おうちの方へ★
「おはなし」の地図を見ながら、どこへ何をしに行くか、いろいろな文を作ってみましょう。現実的なお話（「スーパーへパンを買いにいきます」など）でもいいですし、ありえない話（「スーパーへきょうりゅうの肉を買いにいきます」など）をいっしょに創作しても楽しいです。

1 ☆ どちらの　いえに　すみたいですか。

ふるい　いえ

あたらしい　いえ

2 ☆ どちらの　こうえんで　あそびたいですか。

しずかな　こうえん

にぎやかな　こうえん

3 ☆☆ どんな　ばしょだと　おもいますか。
しずかですか。にぎやかですか。

1)

2)

★おうちの方へ
　いろいろな形容詞を使って、名詞（ここでは場所の名前）を説明する練習です。①は、発展練習として「（家の中は）どんな部屋がいいですか」と聞けます。②は、実際によく行く公園がどんな公園か、「広い」「狭い」「おもしろい」「つまらない」「近い」「遠い」などを使いながら話すこともできますね。③は、東京の渋谷の交差点と、北海道の富良野です。

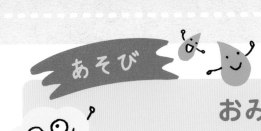

おみせやさんごっこ

おみせやさんごっこを　しましょう。

よういするもの

いらなくなったおもちゃ、ぬいぐるみ、ようふく　など
じぶんでつくったもの（おりがみ、ビーズ_{びーず}など）
おもちゃのおかね

あそびかた

① いらなく　なった　おもちゃなどを　ならべます。

② おみせを　ひらいて、おともだちと　うったり　かったり
　して　みましょう。

> おうちの　ひとも
> さそってね！

**すみません、
これは
いくらですか？**

いらっしゃいませ！

10 えんです。

ありがとうございました！

これください！

★おうちの方へ★
　ご家庭でも教室でもできる活動です。教室の場合は、お子さん同士で要らなくなったおもちゃなどを持ち寄って、フリーマーケットのように開催することもできます。イベントの前に、「すみません、これはいくらですか？」「ありがとうございました」などの表現の練習もしましょう。おもちゃのお金を使って、少し大きい数についても勉強できます。

みてみよう！

せかいの　しんごう

いろいろな　くにの　いろいろな　しんごうだよ！
みんなの　くにの　しんごうは　どんなのかな？

 イギリス

jumoller/Shutterstock.com

 オランダ

© Mercis bv

 ドイツ

 ブラジル

 にほん：ほこうしゃよう

 にほん：しゃりょうよう

★おうちの方へ★
（上段左）ロンドンの一部にある、馬・自転車に乗っている人用の信号です。（上段右）ユトレヒトのデパートの前にあるミッフィーの信号です。ミッフィーの作者ブルーナはユトレヒト出身です。（二段目左）ベルリンを中心に設置されているアンペルマンの歩行者用信号です。（二段目右）サンパウロの日本人街、リベルダージにある提灯の信号です。

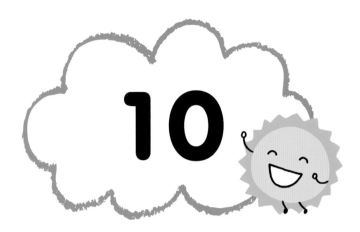

10

みらい

エドヴァルド・ムンク「太陽」オスロ大学所蔵

かんきょう

できたね!

シール

おはなし

1 わたしたちが すんで いる ちきゅうは どんな いろ、
かたちですか。

2 そら、かわ、もり、ほっきょく、なんきょくには
どんな いきものが いますか。

ちきゅう	そら
かわ	もり
ほっきょく	なんきょく

jo Crebbin/Shutterstock.com　　　Alexey Suloev/Shutterstock.com

> ★おうちの方へ★
> ここではまず、イラストを見て、宇宙から見た地球がどんな色・形をしているのか確認しましょう（「うちゅう」は次の「だい 25 ほ」です）。地球が青く見えるのは、表面の70％が海に覆われているからだと言われています。そして、空、川、森、北極、南極には、それぞれどんな生き物がいるのか、いっしょに話したり、調べるのもいいですね。

ことば　かんきょう①

1 ☆ ☆ あなたが どうぶつだったら、どちらの ばしょが
いいですか。

2 ☆ ☆ ☆ しろくまは どうして こまって いますか。

ほっきょく

★おうちの方へ★
ここでは環境問題について取り上げます。①は、「もし、うさぎだったら、どっちの森に
住みたい？」というように、中央の動物とその左右の絵を使い、進めてください。左右の
絵の違いも話しましょう。②は、地球温暖化の話です。白熊が困っているのは、北極の氷が溶
けて、住むところがなくなるからです。説明は次のページをいっしょに見てください。

1 ☆☆☆ 151ページの　えを　みてから、よみましょう。

どうして　ほっきょくの　こおりは　とけて　いるの？

ちきゅうが
あたたかく
なりすぎたからだよ。

どうしたら　いいの？

でんきや　ものを
だいじに
つかおうね。

2 ☆☆☆ よみましょう。

みずや　でんきは　たいせつに　つかいましょう。
そして、　まだ　つかえる　ものを　すてるのは
もったいないです。
ながく　つかったり　ちがう　ものに　リサイクルして
さいごまで　つかう　ことが　たいせつです。

★おうちの方へ★
環境問題について知ることが目的です。読み聞かせてもいいですし、お子さんに読ませてもいいです。①は、地球温暖化の説明です。車の排気ガスやゴミの焼却によって二酸化炭素が増えすぎると、地球の温度調整がうまくいかなくなり、温暖化につながります。155ページの「みてみよう」にも環境キーワードのまとめがあるので、ご参照ください。

ことば　　かんきょう③

1 ☆☆ みぎの　えと　ひだりの　えは　それぞれ　なにが
ちがいますか。いいましょう。

2 ☆☆☆ どちらが　いいですか。どうしてですか。

ひだり

みぎ

ひだり

みぎ

ひだり

みぎ

★おうちの方へ★
①について、一番上は、左の絵の水が出しっ放しになっていること、真ん中は、右の電気とテレビがつけっ放しになっていることを、「もったいない」や「しげん」といったことばを使いながら話せるように、質問などをして促しましょう。一番下は、分別をすることで、リサイクルが可能になることも説明してください。

あそび

ごみの　ぶんべつゲーム^{げーむ}

「ごみの　ぶんべつゲーム^{げーむ}」を　しましょう。

よういするもの
ごみカード^{かーど}

※「ごみカード」は巻末に付いています。

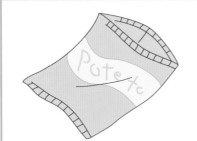

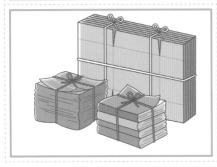

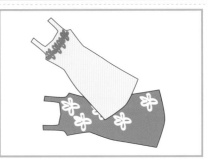

あそびかた

① ごみカード^{かーど}を　よういします。

② じぶんの　すんで　いる
　 ばしょの　きまりに　あわせて、
　 ごみカード^{かーど}を　わけましょう。

もえる　　もえない　　リサイクル^{りさいくる}

★おうちの方へ

ゴミの分別には地域差があるため、在住地域のルールに沿って、グループ分けをしてください。また、はっきりしたルールがない場合は、リサイクルできるもの、できないもののグループ分けでもいいですね。時間を計って、どちらが先に分けられるか、お子さんとおうちの方で競争しても盛り上がります。教室活動の場合は、チーム対抗もいいですね。

かんきょうキーワード
き ー わ ー ど

かんきょうを　たいせつに　する　ための　たいせつな
ことばだよ。

おんだんか

ちきゅうが　あたたかく　なりすぎる　ことです。たとえば、ほっきょくの　こおりも　とけてしまって、しろくまが　こまっています。

にさんかたんそ

くうきの　なかに　ありますが、ふえすぎると、たいへんです。ちきゅうが　あたたかくなりすぎます。

もったいない

いろいろな　ものを　たいせつにする　ことです。"mottainai"は、にほんごに　しか　ない　ことばで、せかいで　つかわれるようになって　きて　います。

せつでん

でんきを　たいせつに　して、むだづかいを　しない　ことです。テレビを　つけっぱなしに　しないなど　できる　ことを　かんがえてみましょう。

リサイクル
り さ い く る

すてて　しまわずに、ちがうものにして、もういちど　つかう　ことです。たとえば、リサイクルしてできた　ノートなどを、おみせでさがして　みましょう。

ぶんべつ

もえるごみ、もえないごみ、リサイクルできる　もの　などに、ごみを　わける　ことです。たとえば、かみや　ペットボトルなどは、リサイクルごみです。

★おうちの方へ★
環境について考えるためのキーワードを集めました。日本語にしかないことばと言われる「もったいない」を、英語表記の"mottainai"として世界に向けて発信したのは、環境分野の活動家で、アフリカ人女性として史上初のノーベル賞を受賞したワンガリ・マータイさんです。そのこともあり、世界の日本語ということであえて英語表記としました。

うちゅう

▌おはなし

1 どちらが あさ、ひるで どちらが よるだと おもいますか。
それぞれ なにが みえますか。

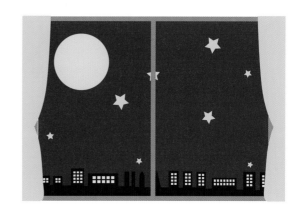

2 きれいな ほしを みた ことが ありますか。
どこで だれと みましたか。

★おうちの方へ★
　太陽、月、星について話すことを通して、宇宙に関心を持つことが目的です。①朝は太陽、夜は月や星が見えますね。ほかにも挿絵から、雲やビルなどの答えも出るかもしれません。それも否定はせず、正解としてあげてください。②きれいな星が見えるのはどんな場所か（暗い、空気がきれい、田舎など）を話し合ってもいいですね。

ことば　つき

1　☆　ひだりの　「じゅうごや」の　つきと　おなじ　かたちの
つきは　どれですか。

1)
2)
3)
4)
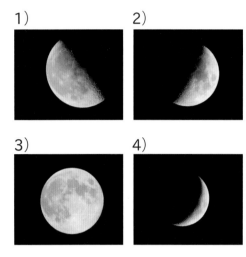

2　☆☆　つきの　もようは　いろいろな　ものに　みえます。
あなたには　なにに　みえますか。

なにに
みえるか
かいてみて

画像提供：JAXA

★おうちの方へ★
①は月の満ち欠けについて、新月から満月までどのような形になるか話すのもよいでしょう。また、月の模様は、国によって見え方が違うと言われています。日本ではもちをつくうさぎ、東ヨーロッパでは髪の長い女性やロバ、北ヨーロッパでは本を読む女性などさまざまです。実際に月を観察して何に見えるか、点線の中に描いてみましょう。

1 ⭐⭐ したの　えを　みて、1)～3)に　こたえましょう。
どの　ほしですか。

　　1) たいようから　いちばん　とおい　ほし
　　2) たいようから　いちばん　ちかい　ほし
　　3) もくせいと　てんのうせいの　あいだに　ある　ほし

　すいせい　きんせい　ちきゅう　たいよう　かせい　もくせい　どせい　てんのうせい　かいおうせい

2 ⭐⭐ 1)～3)の　ほしは、したの　3つの　なかで　どれですか。

　　1) あなたが　すんで　いる　ほしは　どれですか。
　　2) いちばん　ちいさい　ほしは　どれですか。
　　3) わっかが　ある　ほしは　どれですか。

ちきゅう　　　すいせい　　　どせい

★おうちの方へ

星に興味を持つことが目的です。厳密には、ここでの「ほし」は、惑星を指しています。絵を見て分かる範囲で、答えさせてください。①の答えは、1)「かいおうせい」、2)「すいせい」、3)「どせい」です。②は、1)「ちきゅう」、2)「すいせい」、3)「どせい」です。お子さんが興味を持つようなら、星の図鑑を与えるのもいいですね。

ことば　　たいよう

1 ☆ ☆　いろいろな　くにの　こどもが　かいた　たいようです。
　　なにが　おなじですか。なにが　ちがいますか。

じぶんでも
かいてみてね！

2 ☆ ☆　あなたは　たいようを　なにいろで　かきますか。
　　どうしてですか。はなしましょう。

3 ☆ ☆ ☆　えらんで　○を　つけましょう。

1）　たいようの　おんどは　6000 どです。
_{ろくせん}

　　とても　　あつい　　つめたい　　さむい　　です。

2）　ちきゅうから　たいようまで　ひこうきで　いくと
　　だいたい　20 ねん　かかります。
　　　　　　　_{にじゅう}

　　とても　　ちかい　　とおい　　おもい　　です。

★おうちの方へ★
①太陽は、国や個人によって様々な色で描かれますが、正解はありません。マルチリンガ
ルの子どもたちの中にも、太陽の色が様々なようにいろいろな言語や文化が内包されてい
ます。③たとえば、1）普段の気温より「あつい」か「さむい」か、2）スーパーに行く時間
と比べて「近い」か「遠い」かといった選択肢から、答えを導いてください。

そらとぶえんばん

「そらとぶえんばん」を　つくって　あそびましょう。

よういするもの

さら2まい（かみ、アルミ）
ペン
テープ
かみ
あきばこ

つくりかた

① かみ（アルミ）ざらを　2まい　かさねて、
　テープで　とめて、えんばんを　つくります。

② かみに　かせいや　どせいなど、ほしの
　なまえを　かきます。

③ はこに　ほしの　なまえを　かいた　かみを
　それぞれ　はります。

あそびかた

① たいようけいの　じゅんばんに　はこ（ほし）を　ならべます。

② たいようの　いちから、それぞれの
　はこ（ほし）に　むかって
　えんばんを　なげます。

③ えんばんが　はこ（ほし）に　はいったら、
　その　ほしに　とうちゃく！

どの　ほしまで
いけたかな！

★おうちの方へ
　箱に貼る星の絵は、おうちの方が描いたり、既存のイラストを使ってもいいですし、お子さんに描かせてもいいでしょう。「土星を目指して飛びます」「火星に到着しました！」「木星には着けませんでした」「海王星は遠いので、難しいですね」など、勉強した星の名前も使いながら、楽しんでください。

みてみよう！

うちゅうの　せいかつ

うちゅうの　せいかつだよ！　みんなの　せいかつと　なにが　ちがうかな。

ふく

こくさいうちゅうステーションの　そとでは ©JAXA/NASA
うちゅうふく、なかでは　ふつうの　ふくを
きて　います。

ごはん

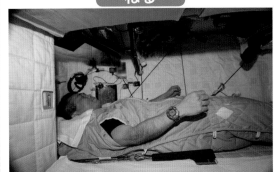

うちゅうしょくは　とくべつな　いれものに ©JAXA/NASA
はいって　いて、みずや　おゆで　もどす　もの、
オーブンで　あたためる　ものなどが　あります。

おふろ

うちゅうでは　みずが　ながれないので ©JAXA/NASA
せっけんの　ついた　タオルで　ふいたり、
みずを　つかわない　シャンプーで　あらいます。

ねる

からだが　ういて　しまうので ©JAXA/NASA
かるく　ベッドに　しばって　ねます。

トイレ

みずで　ながすのでは　なく、そうじきのような ©JAXA
もので　すいこんで　かんそうさせます。

うんどう

じゅうりょくが　ないので　ほうって ©JAXA/NASA
おくと　からだが　よわって　しまいます。
だから　まいにち　にじかんくらい　うんどうします。

★おうちの方へ
宇宙の生活を知ることで、宇宙への興味・関心を高めることが目的です。自分達の生活と
比べて、何がどう違うのかを話し合いましょう。また、上の６つの中で、やってみたい
ものはどれか、それはなぜかを話したり（「宇宙で運動してみたい。体がぷかぷかしておもし
ろそうだから」など）、宇宙人に会えたら何をしたいかなどを話すのも楽しいですね。

みらいの ぼく・わたし

できたね!
シール

おはなし

1 おとなに なったら なにに なりたいですか。
どんな ひとに なりたいですか。

けいさつかん

せんせい

さっかー
サッカーせんしゅ

おいしゃさん

ぱいろっと
パイロット

♪うたってみよう
「ぼくらはみらいの
たんけんたい」

だい
26
ぽ

かしゅ

おはなやさん

うちゅうひこうし

もでる
モデル

しょうぼうし

けーき
ケーキやさん

★おうちの方へ★
自分の将来の夢について話すことと、いろいろな職業の名前を知ることが目的です。それぞれどんな現場で、何をする仕事なのかを説明させることもできます。質問の答えについては、理由も聞いて、話を発展させましょう。もし、なりたい仕事が上にない場合は、余白に、絵と仕事の名前を描いてください。お子さんに描かせてもいいですね。

1　☺　いま　とくいな　こと、すきな　ことは　なんですか。
　　あかで　○を　つけて　ください。

2　☺　これから　やりたい　こと、とくいに　なりたい　ことは
　　なんですか。あおで　○を　つけて　ください。

ゲーム

サッカー

おえかき

どくしょ

ピアノ

おさんぽ

やきゅう

じてんしゃ

おしゃべり

なわとび

うた

すいえい

スケート

★おうちの方へ★
今得意なこと、好きなことや、これからやりたいこと、得意にしたいことについて表現します。人にはIQだけではない、さまざまな知能があるとする多重知能理論という考え方がありますが、お子さんが何をしているときに一番生き生きとするか（つまりどんな知能が高いか）考えながら、「なぜ好きか」などたくさん話せるといいですね。

1 ☆ おとなに なったら なにが したいですか。
あかで ○を つけて ください。

2 ☆☆☆ ○を つけた したい ことに ついて できるだけ
くわしく はなして ください。

せかいいっしゅう

だいびんぐ
ダイビング

ほんを かく

たんけん

うんてん

こんさーと
コンサート

やりたい
ことを
かいてね！

★おうちの方へ★
大人になってしたいこと、夢や目標について話すことで、その子の興味にそった表現を使えるようになることが目的です。なるべく詳しく具体的に話ができるよう、質問して促してあげてください。たとえば「たんけん」なら、「どこを探検したい？」「何を見つけたい？」「コンサート」なら、「どんな楽器を演奏したい？」「誰と演奏したい？」などです。

あそび

みらいの まち

いまの まちと みらいの まちです。なにが ちがいますか。
できるだけ たくさん みつけましょう。

いま

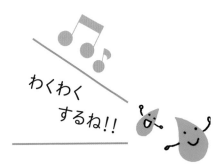

みらい

だい
26
ぽ

★おうちの方へ★

未来について想像したことを表現するための練習です。二つの絵は、違うところだらけですので、一般的な間違い探しとは異なります。たとえば、お子さんが「車が違う！」と言ったら「そうだね。今の車と何が違うと思う？」「どっちが速いかな？」「運転してるのは人かな、ロボットかな？」など、お子さんが興味を持つような質問を考えて話しましょう。

いろいろな　ロボット

なにを　する　ロボットだと　おもう？　しってる　ロボットは　いるかな？

Pepper（ペッパー）

ひとがたロボット

おみせや　えき、ぎんこうなどの
にほんの　さまざまな　ばしょで
あんないを　して　います。

© SoftBank Robotics Corp.
Pepper は日本国内で販売されています。

トヨタパートナーロボット

バイオリンえんそうロボット

バイオリンの　えんそうを　します。

提供：トヨタ産業技術記念館

aibo（アイボ）

エンタテインメントロボット

こいぬの　ように、にんげんと
ふれあう　ことが　できます。

提供：ソニー株式会社

パロ（PARO）

あざらしがたロボット

ひとを　あんしんさせたり
いやしたり　します。

提供：産業技術総合研究所

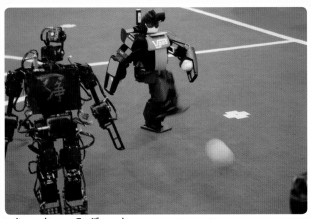

サッカーロボット

ロボット どうしで サッカーの
しあいを します。

提供：ヴイストン株式会社

どんな ロボットが
いたら いいと おもう？

ロボットと いっしょに
なにが したい？

どの ロボットが ほしいかな？
どうしてかな？

チアリーディングロボット

村田製作所チアリーディング部
チアリーダーの ロボットたちが おどります。

提供：株式会社村田製作所

ホテルのロボット

ロボットが せっきゃくを おこなう
「変なホテル ハウステンボス」　© ハウステンボス／ J－18123

★おうちの方へ★
どんなロボットがほしいか、自分で考えて絵を描いてみてもいいでしょう。何ができるロボットなのかも説明させてください。自由に話すのが難しい場合は、「料理ができるロボットですか？」などと聞いて、答えやすくしてください。教室活動なら、みんなで描いた絵を並べて、ロボットコンテストをしても盛り上がります。

語彙・表現リスト

こたえ

●p.12（だい2ほ）

きょねん

ことし

●p.34（だい5ほ）

●p.63（だい10ぽ）

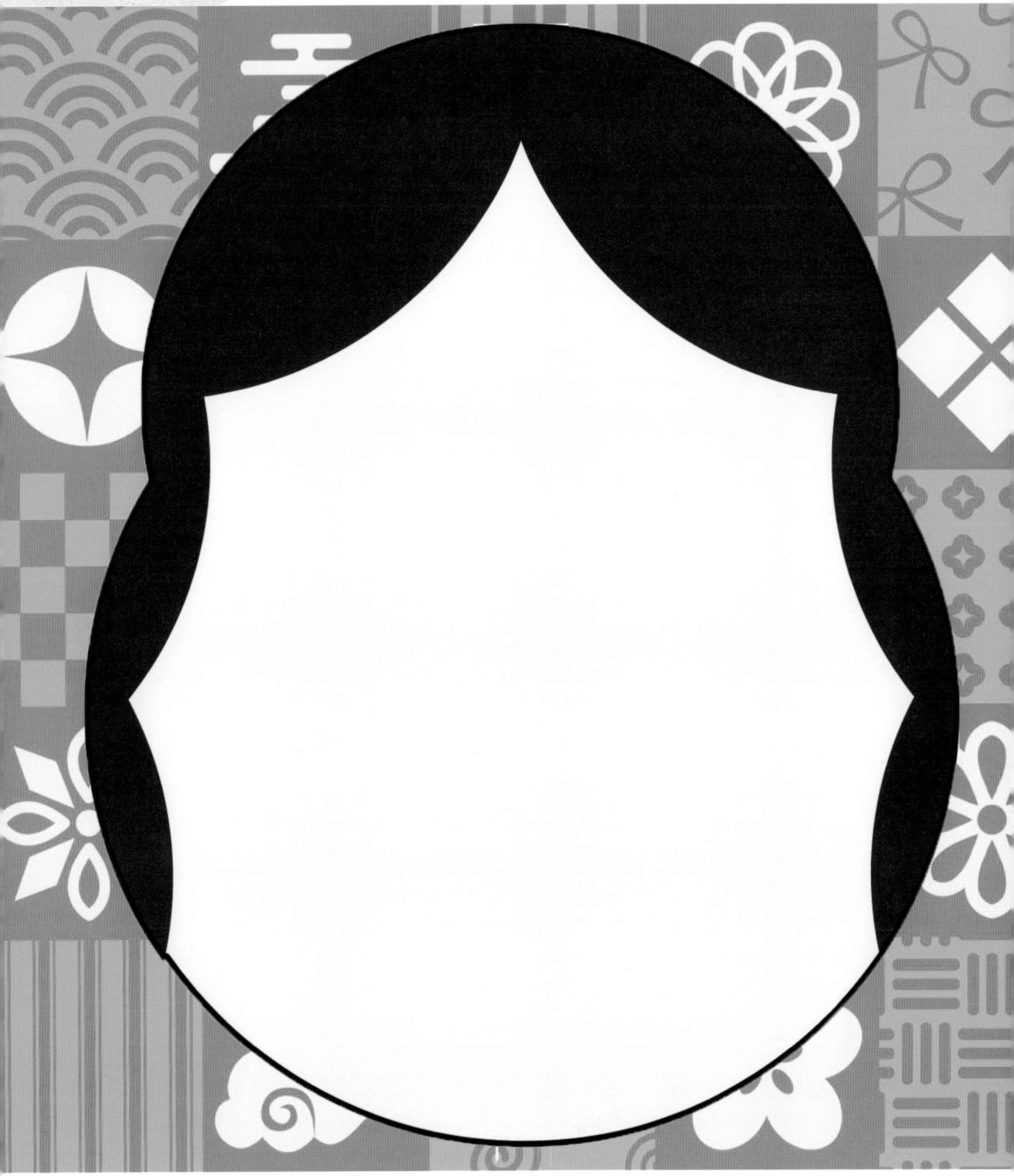

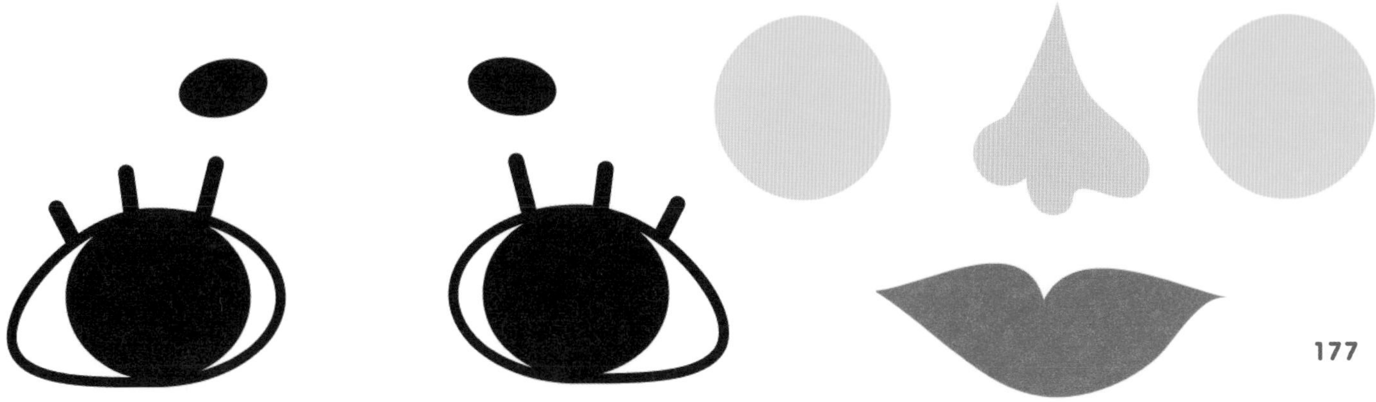

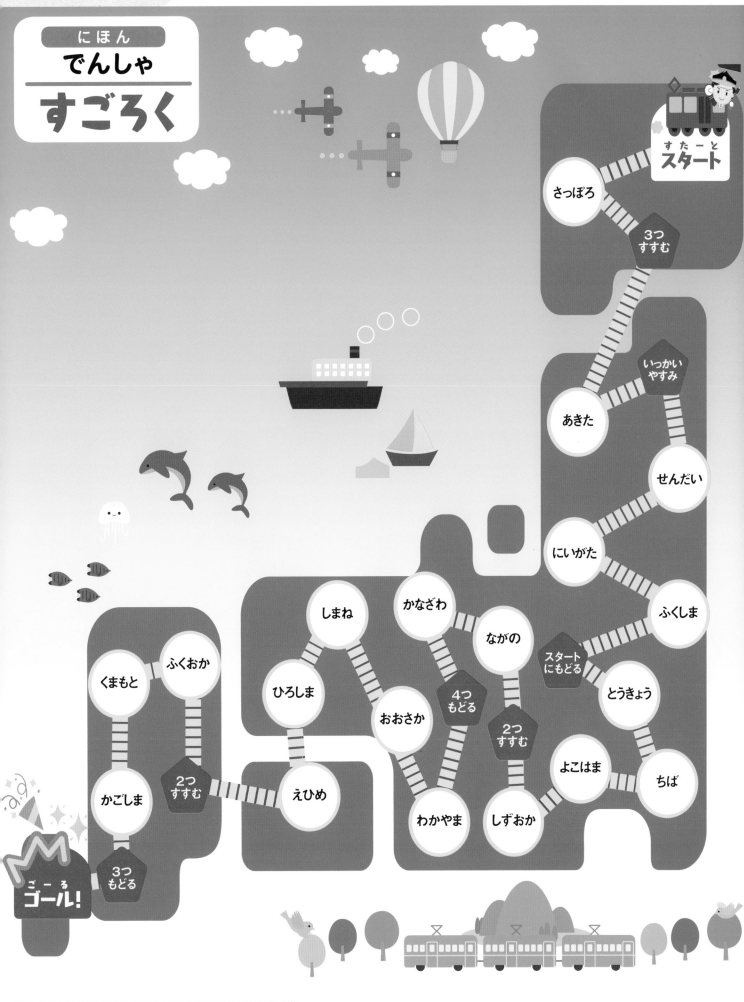

にほん
でんしゃ
すごろく

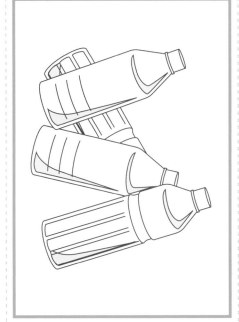

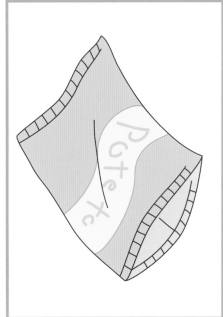

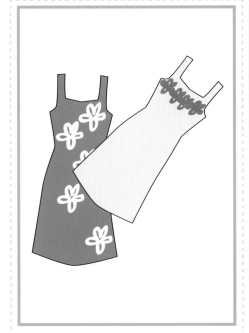

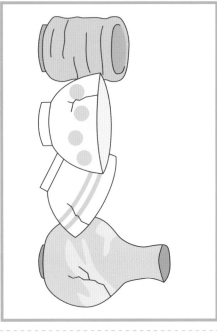

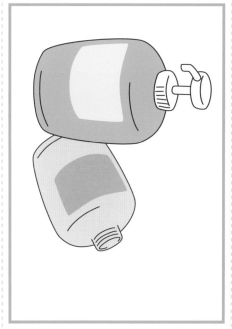

■著者紹介

山本絵美（やまもとえみ）　[現職] ライデン大学日本学科 日本語講師，
てらこやアムステルダム 日本語講師
[略歴] ユトレヒト大学 日本語講師、ハーグ・ロッテルダム日本語補習授業校 講師を経て現職

上野淳子（うえのじゅんこ）[現職] てらこやアムステルダム 日本語主任講師
[略歴] 南ホラント大学 日本学科日本語講師を経て現職

米良好恵（めらよしえ）　[現職] てらこやアムステルダム 日本語講師，教育コメンテーター・講師
[略歴] 通訳、英語教師、KLMオランダ航空の客室乗務員を経て現職

■各監修

細将貴（東京大学大学院理学系研究科 生物科学専攻 特任助教 [だい11ぽ]）
豆千代（着物デザイナー・豆千代モダン代表 [だい15ぽ（あそび，みてみよう）] info@mamechiyo.jp， www.mamechiyo.jp）
石川雅紀（神戸大学大学院経済学研究科教授，特定非営利活動法人ごみじゃぱん 代表理事 [だい24ぽ] https://gomi-jp.jimdo.com/）
小島理沙（京都経済短期大学 准教授，神戸大学大学院経済学研究科特命講師，特定非営利活動法人ごみじゃぱん [だい24ぽ]）
藤井通子（東京大学大学院理学系研究科 天文学専攻 准教授 [だい25ぽ]）

■写真提供・協力

宇宙航空研究開発機構
ヴイストン株式会社
ANA
産業技術総合研究所
写真AC
ソニー株式会社
ソフトバンクロボティクス株式会社
株式会社ディック・ブルーナ・ジャパン
東京都交通局
トヨタ産業技術記念館
NASA
日本クルーズ客船（株）
ハウステンボス株式会社
株式会社村田製作所
ヤマハ株式会社
iStock
mamechiyo modern
shutterstock
photolibrary
Pixabay

■画像

国立国会図書館デジタルコレクション
サンエックス株式会社
パブリックドメイン　世界の名画
Wikimedia Commons

■イラスト

坂木浩子（ぽるか）
鈴木祐里
ユショイン

イラストAC
いらすとや
シルエットAC

■デザイン

松好那名

■編集

市川麻里子
坂本麻美
金髙浩子

本著は2015年度国際交流基金日本語普及活動助成の教材制作助成によって制作されました。 JAPAN FOUNDATION

おひさま ［はじめのいっぽ］

ー子どものための日本語ー

OHISAMA [First Steps] : Japanese Textbook for Multilingual Children

2018年 4月 7日　第1刷 発行
2018年 11月 15日　第2刷 発行

[著者]　　山本絵美・上野淳子・米良好恵
[発行人]　岡野秀夫
[編集] [発行所]　くろしお出版
　　　　〒102-0084　東京都千代田区麹町二番町4-3
　　　　Tel：03・6261・2867　Fax：03・6261・2879
　　　　URL：http://www.9640.jp　Mail：kurosio@9640.jp
[印刷]　　シナノ書籍印刷

ⓒ 2018　Emi Yamamoto, Junko Ueno, Yoshie Mera, Kurosio Pubilishers
ISBN 978-4-87424-757-0 C0081

乱丁・落丁はお取り替えいたします。本書の無断転載・複製・複写（コピー）・翻訳を禁じます。
本書を第三者に依頼して、スキャンやデジタル化することは、たとえ個人や家庭内利用であっても、著作権上、認められておりません。

 # カタカナひょう

ン	ワ	ラ	ヤ	マ
(ん)	(わ)	(ら)	(や)	(ま)
	（イ）	リ	（イ）	ミ
	(い)	(り)	(い)	(み)
	（ウ）	ル	ユ	ム
	(う)	(る)	(ゆ)	(む)
	（エ）	レ	（エ）	メ
	(え)	(れ)	(え)	(め)
	ヲ	ロ	ヨ	モ
	(を)	(ろ)	(よ)	(も)